GAIS-Z-ET-CONTENTS

Françoise Giroud

GAIS-Z-ET-CONTENTS

Journal d'une Parisienne 3
1996

Éditions du Seuil

TEXTE INTÉGRAL

ISBN 2-02-034480-7
ISBN 2-02-031608-0, 1re publication)

JANVIER

Lundi 1er janvier

Que faire de soi un 1er janvier ? Des visites ? Autrefois, c'était la règle. Chez combien de parentes m'a-t-on traînée, qui me bourraient de gâteaux en disant : « Comme elle a grandi ! » et : « Tu travailles bien en classe ? » De son côté, ma mère recevait. Mœurs d'un autre temps.

Les visites de Nouvel An ont peu à peu disparu, ou presque.

Le téléphone les a remplacées. Il n'a cessé de sonner chez moi depuis ce matin et ma journée, si grise au-dehors, en a été tout ensoleillée. Petits messages d'amitié qui disent : On est là, on pense à vous. Quoi de plus précieux quand l'âge vous a privée des douceurs de l'amour ?

Je liquide du courrier et regroupe mes ultimes notes de l'année défunte. Une phrase piquée au hasard je ne sais où : « L'expérience est une lanterne qui n'éclaire que le trajet accompli. » Pas mal. On aimerait avoir dit cela.

Une information piquante entendue à déjeuner samedi dernier : Pol Pot, le bourreau du Cambodge, a écrit dans sa jeunesse une thèse de littérature intitulée *La Douceur chez Verlaine*. Pol Pot !

Une autre, recueillie de la bouche de Claude Imbert, assis à mes côtés au théâtre dimanche soir. Comme nous remarquions le débraillé de la salle, il me dit que Pline le Jeune avait diagnostiqué le déclin de l'Empire dans le fait que les gens n'allaient plus aux bains et portaient des toges sales, déchirées... Il sait un nombre de choses incroyable.

Enfin, ce moment, le soir du 31, dans un restaurant où je dîne avec Éliane V. Les tables sont très proches les unes des autres. Un jeune couple s'assied à côté de nous. Au douzième coup de minuit, poliment, nous échangeons des vœux. « Je vous souhaite que l'année prochaine soit meilleure », dit Éliane. « Mais, dit le jeune homme, notre année a été excellente. Nous venons d'avoir un bébé et j'ai doublé mon chiffre d'affaires. » Il y a donc eu, en 1995, un homme heureux.

Je ne sais pas si la confiance dont on nous rebat les oreilles va revenir à force d'implorations, mais il n'est pas possible que nous continuions à vivre dans la peur – peur de l'avenir, peur pour les enfants, peur du sida, peur du chômage, peur du voisin quand il est coloré. Cela ronge l'esprit. On devient faible quand on a peur. Il faut en sortir, sinon nous allons sombrer sans phrases.

Encore le téléphone. Cette fois-ci il s'agit d'échanger des impressions sur la prestation de Chirac. Elles convergent. Un discours pour rien : il n'a su rétablir ni foi ni courage. L'admonestation de Giscard a été vaine.

Mardi 2 janvier

La grève des transports se poursuit à Marseille et des préavis de grève sont lancés ici ou là dans les chemins de fer.

Ça ne va pas recommencer, tout de même !

Mercredi 3 janvier

Le scandale de l'ARC, association contre le cancer, qui couvait depuis longtemps, éclate au grand jour à travers un rapport de la Cour des comptes. On en retient surtout que le quart seulement des ressources de l'association – qui collecte plus de 500 millions de dons chaque année – a été véritablement consacré à la recherche en 1993. Où est passé le reste ? C'est la bouteille à l'encre. Couvert par une pléiade de cancérologues réputés qu'il a su s'attacher, le responsable nie tout en bloc. Mais il semble bien que, cette fois, le poisson ne sera pas noyé. Le drame, dans cette affaire, c'est que les donateurs, très nombreux, constamment sollicités par une impérieuse publicité télévisée, sont écœurés, choqués. Or, même limitée au quart des sommes collectées, l'aide aux laboratoires de recherche était considérable. Il serait grave qu'elle se tarisse. Et elle va fatalement se tarir.

De surcroît, des dizaines d'associations humanitaires honnêtes, dont la gestion est irréprochable, vont subir les retombées du discrédit de l'ARC.

Tout cela est lamentable. Pour ne pas dire davantage.

Suzanne Prou est morte avant-hier et j'en ai de la peine. Vive, avec un esprit original, de la drôlerie, le cœur à gauche, quelque chose de juvénile malgré ses 75 ans, c'était une compagne charmante au sein du jury Femina. Et un bon écrivain de surcroît. Nous la regretterons beaucoup.

Jeudi 4 janvier

Passé la journée dans une salle de montage pour la réalisation d'un petit film destiné à « La marche du siècle », et j'en sors exténuée pour aller… chanter.

Les amis de Micheline et Alain Decaux, qui se marient religieusement la semaine prochaine, ont décidé de former un chœur pour leur donner l'aubade. Il faut répéter. Bertrand Poirot-Delpech, à l'accordéon, nous accompagne. Personne parmi nous ne sait chanter. Le résultat est… comment dire… pittoresque.

N'importe. C'est très gai.

Vendredi 5 janvier

Encore une séance de montage. Grâce à une monteuse diligente, les choses vont à peu près. Il me restera à faire des ajustements avant l'enregistrement. Mais quel travail pour dix malheureuses minutes de film…

Une étudiante en histoire vient m'interroger sur la presse pendant la guerre d'Algérie. Je n'ai pas la tête à ce que je lui dis. Elle a trouvé dans les archives militaires la trace d'un complot conçu pour discréditer les journalistes de *L'Express* en les faisant passer pour communistes ! Ils avaient perdu l'esprit, les militaires…

Concert au Châtelet où j'arrive trempée. Il fait un temps de chien à Paris. Il faut aimer la musique pour mettre le nez au-dehors. Mais le programme est séduisant : une symphonie de Schoenberg, le *Concerto* de Ravel et *L'Oiseau de feu* de Stravinski, le tout dirigé par un chef de grande classe, Christoph von Dohnanyi, relativement peu connu en France. Gai, brillant, le Ravel est enlevé par l'éblouissant pianiste polonais Krystian Zimerman. C'est un enchantement. *L'Oiseau de feu…* on fut moins heureux. D'abord, l'Orchestre de Paris n'était pas excellent… Et puis la direction ne nous convainc pas… Décidément, pour diriger Stravinski, il faut Pierre Boulez…

Samedi 6 janvier

Déjeuné avec mon cher ami Pierre Chevalier, tout requinqué par quelques jours de vacances. Nous marchons, en quête d'un restaurant. Tout est fermé. Un Chinois nous recueille. Les Chinois travaillent, eux, le samedi et le dimanche.

Dimanche 7 janvier

J'enregistre le texte de mon petit film, avec le trac. C'est toujours un exercice délicat de lire en même temps que défilent des images, de façon qu'il y ait une parfaite adéquation. Ma mauvaise vue ne me facilite pas la tâche. Ma mauvaise oreille non plus. Ah ! cette machine qui se déglingue… Mais bon, je m'en sors.

Lundi 8 janvier

Le téléphone sonne : François Mitterrand est mort. Mon cœur se serre. J'ai de la peine. J'abandonne un article en train. Plus envie d'écrire. Envie de penser à lui, à ces années où nous fûmes si proches et dont les souvenirs m'assaillent, à ce dernier entretien où il était si las et en même temps si vif pour me parler de Clemenceau.

Mais je suis harcelée, par les radios et les journaux, français, étrangers. L'un veut trois feuillets, l'autre six, l'autre un portrait, l'autre… Impossible de tout esquiver. Et j'ai déjà tant parlé de Mitterrand… Je suis vidée, et le temps presse.

C'est dans ces situations que le métier sert. Ce que j'écris pour *L'Obs* n'est pas génial, j'ai fait de meilleurs articles dans ma vie, mais enfin, il y a quelque chose sur le papier plutôt que rien, un peu d'émotion j'espère.

Y en a-t-il dans le pays ? Je crois. Cet homme si distant était proche des gens et ces dernières années de douleur vécues avec cette souveraine maîtrise de lui-même l'avaient rendu plus proche encore. Et puis, quand passe l'ombre de la mort, les rancunes se taisent.

InfoMatin s'arrête. Après y avoir laissé 160 millions, ce qui n'est pas rien, André Rousselet jette l'éponge. Ce n'est pas son genre, mais ses relations avec la rédaction étaient mauvaises. Elle s'est cabrée, il a cassé. Cracher sur le propriétaire, dans un journal, c'est la routine. Mais voilà l'équipe d'*InfoMatin* bien embêtée… Les capitaux ne courent pas les rues qui sont prêts à s'investir à fonds perdus dans un quotidien.

Lu dans *Le Monde* la nécrologie en forme de fleuve que Régis Debray consacre à François Mitterrand. L'écriture est superbe, mais à quel âge cessera-t-il de grincer comme un adolescent dépité ?

Mardi 9 janvier

Des fleuves d'encre coulent dans les journaux, des fleuves de paroles encombrent la télévision. Normal. François Mitterrand emporte dans sa tombe un pan d'histoire qui s'achève avec lui.

Il est le dernier des dirigeants, avec George Bush, qui ont connu la guerre, donc le fascisme. Les autres ne savent même pas ce que ça veut dire.

Jacques Chirac a prononcé une allocution funèbre. Surprise : il a été parfait, sur la forme comme sur le fond. Pour la première fois, on l'a vu tel que doit être un président de la République.

A la réunion du COMETS (Comité d'éthique pour les sciences), nous apprenons quelques détails croustillants et encore confidentiels sur l'affaire de l'ARC. Elle est encore plus grave qu'on l'a dit.

Je bavarde ensuite avec deux médecins de notre groupe. Nous parlons de Mitterrand, bien sûr, et de la douleur. Ils sont d'accord pour dire que nous avons, en France, une mauvaise approche de la douleur… Que les soignants se refusent à administrer de la morphine, que les patients refusent de la recevoir, comme s'il était « bien » de souffrir, comme si la souffrance sanctifiait… Pour cette raison ou pour une autre, le Centre de la douleur n'a pas l'efficacité qu'il devrait avoir.

Mercredi 10 janvier

L'émotion créée par la mort de François Mitterrand ne faiblit pas, au contraire. Elle pénètre de plus en plus profond, y compris parmi les jeunes gens. Étrange phénomène que ce pays en deuil. De quoi au juste ? D'un père ? Pas vraiment. D'un membre de la famille, honoré, admiré, qui a réussi ce tour de force de révéler lui-même ce qui aurait pu être matière à reproche. Pétain ? Bah ! Tout le monde a été un peu pétainiste… Une liaison et une fille hors mariage ? Bah ! La vie privée, on sait ce que c'est, jamais simple.

A la fin de la journée, je vais à la Bastille lui rendre un dernier hommage. Notre-Dame, ce sera pour les huiles. La Bastille, c'est pour tout le monde. La foule est gigantesque, elle couvre les rues à perte de vue, ponctuée de roses rouges portées parfois par des enfants. Ce qui est saisissant, c'est le silence, le recueillement de cette foule, stoïque sous la pluie.

Ceux – rares – qui ricanent dans les salons et dénoncent une manipulation de l'opinion par les médias n'ont pas vu cela. Sinon, ils se tairaient.

Jeudi 11 janvier

Les gens sont suspendus à leur télévision pour voir les têtes couronnées et autres chefs d'État agglutinés à Notre-Dame. Extraordinaire spectacle que seule la France est capable de s'offrir... Et les larmes dans les yeux de Helmut Kohl lui donnent sa touche d'humanité.

La République n'a pas de cathédrales pour ses grands morts. Elle les emprunte à l'Église. Résultat insolite : le seul discours prononcé tout au long de ces journées est celui du cardinal Lustiger. Mitterrand était spiritualiste, certes, mais agnostique. Le voilà récupéré par l'homélie du cardinal !

En même temps se déroule l'inhumation à Jarnac et on cherche des yeux Mazarine. Elle est là, discrète, avec sa mère, derrière Danielle Mitterrand appuyée sur ses fils. Et c'est une belle image, celle de ces trois femmes confondues dans le chagrin, un ultime défi au conformisme en quelque sorte. Ou bien est-on au contraire en plein conformisme bourgeois ?

Mais il y a quatre jours, maintenant, que la France vit dans le deuil. On est saturé d'images, de discours, d'articles...

Allons, la vie continue.

Vendredi 12 janvier

Patrick Poivre d'Arvor a été évincé de la Une après qu'on l'eut empêché d'enterrer Mitterrand. Que lui reproche-t-on ? D'avoir fait l'objet d'une condamnation en justice – dix-huit mois de prison avec sursis –, condamnation confirmée en appel. Et plus encore de faire un Journal en baisse d'audience, ce qui panique la direction.

Sur le principe, il ne fait aucun doute qu'il n'est pas convenable de voir un homme condamné présenter le Journal d'une grande chaîne. Mais la forme brutale qu'a prise son éviction – au lieu d'attendre qu'il démissionne, ce que sans doute il aurait fait –, cette manière de jeter aux chiens les gens dont on s'est beaucoup servi, tout cela est déplaisant. Il ne s'est pas laissé faire. Il a mobilisé une partie de la rédaction derrière lui. Il a obtenu que son absence de l'antenne dure trois mois au lieu de neuf. Allons, on le reverra. En attendant, personne n'est obligé de regarder le Journal de la Une, de plus en plus médiocre…

Déjeuné avec Jean Peyrelevade, le patron du Crédit lyonnais, à la Fondation Saint-Simon. Il raconte avec brio, et force détails, comment il est impossible de désigner LE responsable dans la catastrophe de la banque, même si le PDG en a une lourde part. Son récit est vertigineux. Il est clair que quelque chose ne va pas dans le fonctionnement des contre-pouvoirs, qui devraient interdire de telles folies.

Samedi 13 janvier

Voilà les Decaux bien mariés, cette fois, avec la bénédiction du R.P. Carré. Alain, qui est sincèrement croyant, est heureux, et ses amis heureux avec lui. Leurs deux enfants jubilaient. Ils ressemblaient à deux tourtereaux, les nouveaux épousés, elle sous sa capeline rose, lui avec sa silhouette de jeune homme. Vingt-cinq ans, vingt-sept peut-être les séparent, mais je ne connais pas de couple plus uni.

Nous, les témoins, avons été très sages. Chapeau, jupe et gants blancs, s'il vous plaît. Et, assise derrière eux à l'église, je n'ai pas croisé les jambes une seule fois. Mais j'ai oublié les répons de la messe. Alix de Saint-André, à côté de moi, me les a soufflés.

Petite réception joyeuse après la cérémonie. Notre chœur, où brillent Hélène Carrère d'Encausse et Françoise Dorin, a un franc succès. Une jolie journée, sous le signe de l'amitié.

Le soir, vu les Frères Jacques, qui donnent trois représentations à Paris. Le bruit s'en est répandu comme une traînée de poudre et la salle est bourrée. Déception : ils sont âgés maintenant, ils n'ont plus la force de tenir la scène, alors ils ne chantent que deux fois. Mais ces deux fois-là sont un plaisir…

Dimanche 14 janvier

Il se passe de nouveau des choses horribles en Tchétchénie, où une centaine d'indépendantistes tchétchènes ont pris en otages quelques centaines de personnes. Moscou essaie de négocier leur libération. En vain. Alors, on en est au bombardement, et sur la voie du bain de sang.

Sale histoire pour Eltsine au moment où se prépare la prochaine élection présidentielle.

A propos : Gorbatchev a annoncé, à « 7 sur 7 », qu'il serait probablement candidat.

Mardi 16 janvier

Ah ! le rapace ! Ah ! le vautour ! Sur le cadavre encore chaud de François Mitterrand, son médecin personnel, un nommé Gubler, publie ce jour l'histoire du cancer de son illustre patient. Il en ressort que ce cancer était présent dès 1981 et que François Mitterrand a donc menti dès cette date et pendant dix ans sur son état de santé, avec la complicité de son médecin.

Ce n'est pas à proprement parler une révélation, plutôt une confirmation. L'extraordinaire est que ce cancer ait en quelque sorte dormi pendant dix ans, au point que le malade a pu le nier à ses propres yeux. Gubler, évincé dans les derniers mois par François Mitterrand, déclare avoir écrit pour se décharger d'un « lourd secret ». Il va surtout se charger de lourds droits d'auteur. 40 000 exemplaires de son livre ont déjà été vendus dans la journée.

La famille a demandé la saisie de l'ouvrage. Réponse de la justice jeudi.

Dans la même foulée, *Match* publie la photo de François Mitterrand sur son lit de mort. Qui a osé faire cette photo ? Elle n'est pas signée, mais on le sait. L'auteur s'en est d'ailleurs vanté. Là aussi, la famille poursuit en justice. Mais elle obtiendra quoi ? De vagues dommages et intérêts ? Rien de comparable à ce que cette photo scandaleuse aura rapporté en tirage à *Match*. Allons, les nécrophages sont à la fête !

Mercredi 17 janvier

Un petit groupe de réflexion, composé de jeunes hommes et de jeunes femmes passionnés d'affaires publiques : ils m'ont demandé de venir leur parler de Clemenceau, et plus généralement de la différence entre homme d'État et homme politique. Ce que je fais volontiers.

En vérité, ils sont tous préoccupés par la situation actuelle, par cette sorte de trou noir où ils voient le pays, et animés par un désir d'action. On ne se résigne pas à 30 ans. Heureusement.

Hélas ! je n'ai rien à leur dire de bien réconfortant, et ne saurais leur désigner l'« homme d'État » qu'ils appellent de leurs vœux pour ressaisir les énergies. Mais l'échange a été intéressant. Pour moi, en tout cas.

Jeudi 18 janvier

La justice a ordonné la saisie du livre de Gubler. Les exemplaires déjà distribués ne seront pas rappelés mais il ne saurait y avoir de nouveau tirage sans que chaque exemplaire soit taxé d'une lourde amende.

La notion de censure est toujours odieuse. On ne peut pas y souscrire. Mais ce Gubler a franchi la ligne jaune. Au demeurant, le contenu du livre traîne aujourd'hui partout.

Il ne lui reste plus, s'il a un peu d'honneur, qu'à verser les quelques millions qu'il aura déjà empochés à la recherche contre le cancer.

Micheline vient me photographier pour le Seuil, qui va publier le tome 2 du *Journal d'une Parisienne*. Je l'ai baptisé *Une chienne d'année*. Il s'agit de 1995.

J'avais tenu un journal en 1994 mais je l'ai égaré, ce qui est un peu sot de ma part. On ne reconstitue jamais un journal. S'il a une valeur, c'est dans l'écriture quotidienne.

Il doit bien y avoir vingt ans que Micheline me photographie régulièrement. Il y a entre nous une vieille complicité. Mais si grand que soit son talent, elle ne peut rien contre les outrages du temps. Elle se démène, multiplie les éclairages savants, les écrans, les filtres et je ne sais quoi encore... Je laisse faire, docile.

C'est une histoire de fraude comique que rapporte *Libération*. Un vieux de la vieille, parlementaire, maire du IIIe arrondissement depuis des années, qui lorgnait la mairie de Paris, est brusquement suspecté de s'être inventé 883 électeurs qui n'ont jamais été des habitants de son arrondissement. Ils prêtaient – ou on leur empruntait – leur nom.

Le drôle, c'est la façon dont on s'en est aperçu. Jacques Dominati, battu aux dernières élections municipales, a dû laisser la place à un socialiste. La nouvelle équipe s'est trouvée en face d'un ordinateur. Et qu'y avait-il sur le disque dur de l'ordinateur ? Le pot aux roses. Les noms et adresses réelles de tous les faux électeurs dûment recensés.

Moralité : on ne se méfie jamais assez du disque dur de son ordinateur.

Vendredi 19 janvier

Ho, mon pédicure chinois, me dit : « J'ai décidé d'écrire un livre sur les secrets des pieds célèbres... Qu'en pensez-vous ? » Une seconde d'hésitation avant de comprendre qu'il plaisante. C'est sa façon chinoise de commenter le livre de Gubler. Il est choqué.

De ce livre, nous parlons avec Claude Durand, le patron de Fayard, qui vient déjeuner avec moi. L'aurait-il publié ? Il est formel : non. Oui, si ç'avait été, contenant les mêmes faits, l'enquête d'un journaliste. Non, dès lors qu'il s'agissait de la trahison du secret professionnel par un médecin. Publier, ne pas publier, la décision est parfois difficile à prendre pour un éditeur. Il n'y a pas de règle. Il peut seulement agir en conscience. En tout cas, les médecins qui seraient tentés de faire de l'argent en révélant les petits et grands secrets des vedettes – par exemple, combien de liftings et de seins corrigés – sauront désormais retenir leur plume.

Mais quelle horreur, cette histoire...

Hector Bianciotti est élu à l'Académie française au fauteuil d'André Frossard. Exceptionnellement, une telle élection me touche parce qu'il s'agit d'un cas particulier. Bianciotti est né italien, il a été élevé en Argentine où il s'est enivré de culture française, il a connu des années très dures à Paris où il a publié cinq romans en espagnol jusqu'à ce qu'il saute le pas et écrive directement en français, dans une langue superbe. Que la vieille institution l'accueille en son sein est donc lourd de signification.

De surcroît, il est beau et portera l'habit vert avec grâce. Mais c'est assurément un détail…

Lundi 22 janvier

Yasser Arafat est élu président de la Palestine avec 88 % des voix. Quelle trajectoire que celle de ce terroriste, qui a concentré sur sa personne tant de haine avant de devenir un partenaire de paix pour Israël. Et quel succès pour lui que cette élection, face à ses extrémistes. Les Palestiniens de Cisjordanie et de Gaza l'ont littéralement plébiscité.

Tout n'est pas rose cependant devant l'habile Arafat. Il doit obtenir que la charte de l'OLP soit expurgée des paragraphes appelant à la destruction d'Israël. Tous les islamistes ne sont pas réduits au silence et certains peuvent au contraire se radicaliser. Enfin, les discussions sur le statut de Jérusalem et la question des colonies de peuplement restent ultrasensibles. Mais, cahin-caha, le processus de paix a repris son cours.

Des charniers ont été découverts en Bosnie. Sept mille personnes, disparues après la prise de Srebrenica par les Serbes, seraient entassées dans une fosse commune.

En Tchétchénie, les Russes s'enlisent. Des unités d'élite envoyées pour maîtriser le commando indépendantiste preneur d'otages ont échoué. Mal commandées, disent-elles. Une partie du commando a réussi à s'enfuir, emmenant quelque soixante otages, dont trente policiers.

Mardi 23 janvier

Dîné hier soir avec Bernadette Chirac dans le cadre du Club L, où elle était notre invitée. Très vite, par ses manières, la gentillesse qu'elle met à présenter ses activités, selon la tradition du Club, elle conquiert les sympathies. Drôle, elle raconte que, tous les matins, son mari lui dit : « Vous vous rendez compte de la chance que vous avez de m'avoir épousé ? » Ça la fait rire.

Je la connais depuis longtemps. Un jour, j'ai écrit à son sujet : « Ce que Jacques Chirac a de mieux, c'est sa femme. » Jugement confirmé.

Mercredi 24 janvier

Danièle Heymann me dit que le photographe qui a pénétré dans la chambre mortuaire de Mitterrand n'est pas du tout celui que l'on croit, mais un intime, qu'elle nomme…

Non, c'est incroyable, je ne peux pas écrire ici ce nom sans en être sûre.

Danièle a décidé de quitter *Le Monde*. Tant pis pour *Le Monde*. C'était l'une des meilleures plumes du journal.

Un cybercafetier de Besançon a eu l'idée de numériser les 192 pages du livre du Dr Gubler et de les diffuser sur Internet. Elles sont difficiles à lire mais c'est un détail. Elles se promènent depuis hier sur tout le réseau. La justice, à supposer qu'elle soit saisie – ce qui n'est pas le cas –, est impuissante. Le piratage d'un texte imprimé par cette voie originale est une première qui laisse auteurs et éditeurs interloqués.

Ils ont l'impression qu'ils vont avoir à vivre désormais dans la forêt de Bondy, régulièrement détroussés.

Et c'est peut-être, en effet, ce qui va arriver. Mais, en vérité, cette affaire n'est qu'un signe du chaos qui s'annonce sur Internet et que nul ne sait comment maîtriser.

Le fameux plan Juppé concernant la Sécurité sociale est parti en charpie. Je ne sais même pas ce qu'il en reste. Ah, si ! Un prélèvement de 0,5 % sur tous les revenus qui prendra effet en février !

A part ça, le gouvernement semble avoir mis les pouces sur tous les tableaux, ou presque. Terrible, cette impression que donne Juppé de naviguer à vue, lançant des mesures de tous les côtés, dont aucune n'est efficace. Cet homme si intelligent n'est manifestement pas fait pour le métier qu'il exerce en ce moment. Et comme disait Napoléon, la plus grande des immoralités est de mal faire son métier.

Jeudi 25 janvier

Tiers provisionnel. Il est salé. Il ne faut jamais maugréer contre les impôts. Ils sont à la mesure de ce que l'on gagne et personne ne m'oblige à publier des livres dont les droits d'auteur sont taxés en France – et en France seulement – à un taux exorbitant. Mais quand j'additionne les impôts en tout genre que je paierai cette année, je me demande pourquoi je travaille. Question stupide : je travaille parce que j'en ai envie. Donc : fin du registre des réclamations.

Vendredi 26 janvier

Le grand air de Maastricht est de nouveau à l'affiche dans un climat de cacophonie gouvernementale. VGE suggère une interprétation souple de la condition fixée par le traité de ramener le déficit public à 3 % du PIB. Philippe Séguin fait, lui, une déclaration fracassante en faveur d'une initiative politique franco-allemande qui pourrait seule, selon lui, « justifier, permettre, fonder le passage à une monnaie européenne ».

Traduction : il est implicitement candidat au poste de Premier ministre. Et si son principal rival potentiel dans cet emploi était Édouard Balladur ? Celui-ci entame, en tout cas, une série de déplacements en province. Bref, on est en train d'enterrer Juppé. Prématurément peut-être… Pour une raison ou pour une autre, Chirac y tient. Et surtout, il n'a pas envie des deux autres !

Hillary Clinton a trois commissions d'enquête aux trousses, à propos d'une affaire de fiasco immobilier où elle était avocate et où les Clinton avaient fait un investissement. Les faits sont anciens, antérieurs à l'élection du président. Mais ils la poursuivent. Pour l'heure, elle n'est pas inculpée mais témoin. Un grand jury décidera de la suite que mérite cette affaire. Hillary Clinton est sans aucun doute une femme remarquable. On en est convaincu en une conversation. Elle était d'ailleurs fort cotée dans sa profession. Mais elle est impopulaire. Trop remarquable, justement. Elle indispose les hommes et les vieilles dames, ce qui fait beaucoup de monde. Peu importe qu'en privé elle soit chaleureuse, et même drôle. On la juge dure et arrogante. En somme, le moment n'est pas encore venu, même aux États-Unis, où la femme d'un président peut prendre des initiatives politiques sans se camoufler derrière son mari. Et le fait est qu'il y a quelque chose de bâtard dans son statut puisqu'elle n'a pas été élue, elle.

Bill Clinton défend sa femme âprement. Si les choses tournent mal, elles peuvent lui coûter sa réélection en novembre prochain, alors qu'en ce moment toutes les chances paraissent être avec lui.

Samedi 27 janvier

Les rues de Paris sont un tapis de verglas. J'assiste, de ma fenêtre, à une chute spectaculaire. Vais-je sortir ? J'hésite. Et puis je me dis que je ne vais pas commencer à me conduire comme une vieille qui recule devant les intempéries. Allez, dehors ! Et que veille mon ange gardien…

Dimanche 28 janvier

Déjeuné chez le Chinois du coin avec Nathanaël. C'est mon petit-fils. Il me plaît beaucoup. Il hésite sur la façon d'engager son avenir. Nous avons une bonne conversation, sérieuse. Il réfléchit bien. Et il a été bien élevé.

Écrit, pour *L'Obs*, un long article sur le journal de Bernard-Henri Lévy pendant la guerre de Bosnie. Le titre est beau : *Le Lys et la Cendre*. Le livre a cette qualité particulière des journaux, où émotions et anecdotes sont enregistrées au jour le jour et non reconstituées de mémoire. Il est bourré de choses intéressantes. Et puis il est pathétique. Car c'est bien une histoire d'amour que BHL a vécue avec la Bosnie, ce sont les motifs les plus nobles qui l'ont engagé auprès de ce petit pays, c'est aussi, bien sûr, le désir non moins noble de faire l'histoire, comme d'illustres prédécesseurs parmi les intellectuels… Et c'est en vain qu'il s'est tant battu, en particulier contre Mitterrand qui lui disait : « Moi vivant, jamais, vous m'entendez bien, jamais la France ne fera la guerre à la Serbie. »

Maintenant, il voit le président Izetbegovic sous les traits d'un vaincu, et la petite Bosnie toute rabougrie défaite… Il n'a pas tort. Mais, tout de même, la guerre a cessé… Comment ne pas s'en féliciter ?

Lundi 29 janvier

Bernard Kouchner rejoint le parti radical, le parti fantôme qui vit la gloire et la chute de Tapie. « Il est courageux ce garçon, disait Mitterrand à propos de Kouchner, c'est extraordinaire ce qu'il est courageux. Alors parfois, il dérape, mais il est, néanmoins, courageux. »

C'est un courage particulier dont il faut être doté pour

plonger les mains dans la politique de parti. Mais quoi ! Il faut bien que certains l'aient... Bonne chance à lui, donc ! Fallait-il cependant que, sous nos yeux effarés, il donne l'accolade à Tapie ? Pour quelqu'un qui veut, selon ses propres termes, « redonner à la morale sa place en politique », il y a eu là comme un faux pas.

Mardi 30 janvier

Officiel : la France arrête ses essais nucléaires. Le deux cent dixième aura été le dernier. L'Australie va peut-être nous lâcher les baskets, maintenant... Titre du *Monde* ce soir : « Jacques Chirac réoriente radicalement la doctrine française de défense. »

Voilà qui va donner du grain à moudre aux commentateurs professionnels... Il s'agit d'autre part pour Chirac de soutenir maintenant une politique de désarmement mondial, politique dont la France serait chef de file. Elle a déjà des initiales en anglais : CTBT. En français : « Traité d'interdiction des essais nucléaires. » Mais nul besoin d'être expert pour comprendre qu'un tel traité doit être universel ou ne pas être... Et c'est là que les difficultés commencent. Non seulement sur tous les points de son application mais parce que la Chine, pour commencer, ne veut pas en entendre parler, que la Russie renâcle, et d'autres nations aussi... Néanmoins, il y a là quelque chose de si manifestement vital pour la planète tout entière qu'il faut espérer, pour une fois, dans le simple instinct de conservation. Les hommes ont apprivoisé le feu nucléaire, il leur faut maintenant l'enchaîner.

Philippe Labro vient déjeuner avec moi. Il va publier un livre et il a le trac, comme tout le monde, mais cela n'altère pas son sourire de jeune homme américain. Pour ce livre, il cherche un titre. Il m'en raconte le contenu. Il s'agit du récit d'une maladie éprouvante qui l'a tenu aux lisières de la mort, au bord de laquelle l'amour de sa femme l'a, pense-t-il, retenu. Il me dit : « C'était comme passer le cap Horn… » Cap Horn, Cap Horn… Non, ça ne fait pas un titre. On croirait qu'il s'agit de navigation. Je lui propose *Une expérience singulière* mais on peut trouver mieux. Nous jouons avec des mots pour essayer d'en faire un titre. Il en a bientôt une dizaine sur sa liste… Il lui reste encore quelques jours pour choisir. C'est important, un titre… La cerise sur le gâteau.

Mercredi 31 janvier

Quand les Allemands décident de relancer la consommation, ils réduisent massivement les impôts. Chacun comprend sans dessin le rapport de cause à effet. Quand le gouvernement français décide de procéder à une relance, que fait-il ? Il diminue l'intérêt que les caisses d'épargne versent aux épargnants. Je dois être bouchée : je ne comprends pas en quoi ceux-ci seront incités à dépenser davantage. Enfin, tant mieux si un effet mécanique se produit… Quant aux autres mesures destinées à accompagner cette timide relance, elles sont d'une complication à décourager un inspecteur des Finances.

Le théâtre de la Fenice a brûlé ! Quelle tristesse… C'était l'une des perles au cou de Venise. Que de souvenirs sont attachés à cette salle baroque, bleue rehaussée d'or, où Rossini et Verdi connurent des triomphes, où *The Rake's Progress* de Stravinski fut créé, où Wagner organisa un concert pour sa femme, où Visconti a tourné une scène de *Senso*. Construite en 1792, la Fenice a déjà brûlé une fois, en 1836. Mais, fidèle à son nom (*fenice* signifie « phénix »), elle renaquit de ses cendres, à l'identique. C'est ce que le maire de Venise espère rééditer… Il faut trouver 1,5 milliard. Bagatelle…

FÉVRIER

Jeudi 1er février

Les chiffres sont tombés comme un coup de massue. Non seulement le chômage ne recule pas mais il augmente, et sérieusement. 57 000 demandeurs d'emploi supplémentaires en novembre et décembre. Les jeunes sont particulièrement atteints. On en compte maintenant 615 000 parmi les moins de 25 ans.

Le retournement de la conjoncture économique depuis juin y est évidemment pour quelque chose, devant quoi les bonnes intentions de Jacques Chirac sont impuissantes. Mais l'ironie de l'histoire veut que le chômage n'ait cessé de décroître, modestement, pendant les derniers mois du gouvernement Balladur pour ne cesser de croître depuis l'avènement de Chirac.

Des chiffres en face desquels il est vain d'appeler à la confiance…

Déjeuner de dames chez Diane de Margerie, qui vient de publier un joli livre sur sa mère. Ni politique ni *small talk* : nous ne parlons que de littérature ! Et un petit peu de télévision, quand même. Où ne parle-t-on pas de télévision aujourd'hui ? Chacun a vu quelque chose et tente de communiquer ses impressions les plus fraîches... C'est devenu une constante de la vie en société.

Verdict général de ces femmes cultivées : à condition de choisir ses programmes, d'avoir un magnétoscope et d'être câblé, la télévision est tout à fait comestible. J'emploie l'expression anglaise *small talk*. Il y aura sûrement un puriste pour me tancer, mais elle est intraduisible à moins d'écrire, comme mon dictionnaire « conversation légère portant sur des sujets triviaux ». Peut-être pourrait-on employer « babillage », mais il y manquerait la nuance dépréciative de *small talk*. Alors tant pis, j'anglicise.

Vendredi 2 février

Ce n'est pas un sondage, à peine une récolte d'impressions faite devant les guichets de la caisse Écureuil parisienne parmi des clients encore assommés par la baisse du taux d'intérêt du livret d'épargne. Au mieux, ils ne comprennent pas. Au pire, ils sont furieux contre le gouvernement et menacent de retirer leur épargne, mais sûrement pas pour la dépenser, comme on a l'audace de les y inciter. Tous y voient une manœuvre « contre les petits »...

On ose espérer qu'au gouvernement on a réfléchi avant de mettre le poil à l'envers aux petits épargnants, qui sont, sauf erreur, plus de 23 millions.

Samedi 3 février

Morale : on en demande à tous les vents, comme s'il s'agissait d'une denrée. Donnez-nous de la morale, nous voulons de la morale… Ce serait bouffon si ce n'était le signe d'un grand mal-être. La morale bourgeoise s'est disloquée sous les coups de Mai-68. Celle qui s'y est substituée, le rejet de l'ordre répressif, est exténuée. Résultat, une crise carabinée. Crise : « le passage entre deux systèmes de fonctionnement », disait Paul Valéry.

Comme on ne reviendra pas en arrière, cela signifie qu'il faut inventer, réinventer.

Marcel Gauchet dit, dans *Le Point* : « La morale ne peut plus tomber d'en haut, qu'elle soit dictée par Dieu ou imposée par une autorité collective. Elle ne peut être fondée que sur l'accord entre les individus. […] C'est d'une sorte de renégociation gigantesque de toute la règle du jeu entre les personnes qu'il s'agit. » Et il ajoute : « Je crois que cette réinvention prendra du temps… »

En d'autres termes, pas de morale prête-à-porter en vue, à laquelle se raccrocher. Cela n'interdit pas d'avoir la sienne. Et de s'y tenir.

Formidable offensive du patronat, qui veut restreindre les possibilités d'intervention des magistrats dans les affaires d'abus de biens sociaux. Un texte de loi est en cours d'élaboration. Le moins qu'on puisse dire est que, s'il était voté, cela ferait mauvais effet.

Gene Kelly est mort, qui fut l'un des princes de notre jeunesse. Que de joies on lui doit à ce créateur de beauté, de gaieté, de grâce... *Chantons sous la pluie*, *Un Américain à Paris*, et tant d'autres petites merveilles... Il dansait, il chantait, il était tonique. C'était le bon temps de Hollywood. Salut, Mister Kelly, et merci.

Lundi 5 février

Image affreuse à la télévision : l'un des charniers bosniaques. Des corps décomposés, un foulard, une chaussure, des crânes, des ossements, des papiers d'identité éparpillés... On imaginait la scène, la terreur, les hommes abattus... Le rapporteur spécial de l'ONU qui inspectait le site peinait à maîtriser son émotion. Ces morts sans sépulture sont sans doute parmi ceux qui ont tenté de fuir Srebrenica. Il n'y a pas de guerre sans morts. Mais de ceux-là, nous sommes coupables...

L'élection du nouveau président de l'AFP, Jean Miot, crée des remous. C'est un professionnel de la presse, mais il est étroitement lié, de longue date, au groupe Hersant, ce qui alimente les doutes sur son indépendance. Indépendance vitale pour l'agence de presse française, seule dans le monde à rivaliser avec les grandes agences anglo-saxonnes. Elle figure d'ailleurs dans ses statuts.

La nomination de Jean Miot comble les vœux du gouvernement, irrité par le traitement de certaines informations au cours des derniers mois.

Mardi 6 février

Perdu une heure à cause de ce fou d'Hallier. Il publie un livre abject sur François Mitterrand, livre qui fut longtemps empêché de paraître et dont les extraits font aujourd'hui trois pages pleines de *France-Soir*. Or il est dit, dans l'un de ces extraits, que j'ai exercé un chantage sur François Mitterrand pour qu'il m'accorde une décoration dans l'ordre des Arts et Lettres ! Extravagant. Mais Hallier ne recule devant aucune affabulation. Et, pour une raison que j'ignore, il m'exècre. L'homme n'est pas sans intérêt. Il a un certain talent d'écriture, mais c'est un esprit malade, qui a, depuis des années, multiplié les impostures, cherché le scandale, accumulé les condamnations, et qui a fini par trouver refuge à la télévision. Ses conduites relèvent de l'hôpital psychiatrique plus que de la justice. D'autres disent qu'elles relèvent du coup de pied au cul et le rossent.

Si les fils de François Mitterrand avaient un peu de nerfs, c'est ce qu'ils feraient.

Mercredi 7 février

Lu d'affilée une dizaine de romans, en vue du prix du Premier Roman que le jury du Femina décerne en avril. Tout n'est pas bon, loin de là, mais il y a tout de même, par-ci par-là, une plume, ou une inspiration originale.

Pour me laver les yeux, j'ai plongé dans *Une histoire des médias des origines à nos jours* racontée par Jean-

Noël Jeanneney, qui m'a enchantée. J'y relève, entre autres, ce mot d'un grand entrepreneur de presse qui, en 1863, énonça ce principe à propos de la presse moderne : « Il faut avoir le courage d'être bête. » De s'adapter à ce qu'il appelait les « exigences » de la bêtise humaine. Il y a fait fortune. Les choses ont-elles tellement changé ?

Jeudi 8 février

Un de mes amis, C. L., a vu François Mitterrand un mois avant sa mort, avenue Frédéric-Le-Play. Infiniment fatigué, il attendait la visite de Giscard et dit : « Il exige que j'aille l'attendre en bas, à la porte. Voyez-vous ça ? – Et vous irez ? – C'est le protocole. » Et, le moment venu, le vieil homme épuisé réunit toutes ses forces pour descendre puis remonter deux étages. Et recommença pour raccompagner son visiteur. Incroyable mais vrai.

Deux gentilshommes viennent me voir, porteurs d'un projet. Il s'agit de réaliser quatre films de cinquante-deux minutes sur la presse, de Renaudot à nos jours, en montrant, à toutes les époques, ceux qui ont contribué à la museler ou au contraire à défendre un idéal de liberté.

Ils me demandent un accord de principe pour écrire l'un de ces films. Je le donne sans hésiter. Ce projet me plaît.

Samedi 10 février

Une bien curieuse guerre est engagée sur Internet, dont on ne peut encore mesurer les conséquences.

D'un côté, le Congrès américain, qui vient d'adopter une « loi sur la décence », au nom de la protection des mineurs, afin que soient infligées des amendes sévères aux serveurs ou aux particuliers qui diffusent des messages ou des images pornographiques ou simplement « choquantes ». Il faut dire que l'on trouve sur Internet, si toutefois on les cherche, toutes les déclinaisons de la sexualité humaine, de la pédophilie à la zoophilie en passant par l'inceste.

En face, déchaînés, les internautes, qui se veulent avant toute chose libertaires, hostiles à toute censure, d'où qu'elle vienne et sur quelque sujet qu'elle porte. Ainsi s'insurgent-ils avec la même violence contre les interdictions qui porteraient sur les thèses révisionnistes, lesquelles fleurissent sur Internet. Leur thèse : tout le monde a droit à la parole. Il faut seulement apporter la contradiction, dialoguer.

Pour le moment, tout ceci se passe essentiellement en anglais – encore que la pornographie n'ait pas de langue – et nous concerne donc relativement peu, mais c'est l'affaire de quelque temps, bien que le révisionnisme soit condamné par la loi en France. Quant aux Allemands, ils ont ordonné à plusieurs maisons d'interdire à leurs abonnés de se connecter sur des sites néo-nazis, puis sur des sites pornographiques, soulevant là aussi une tempête de protestations des internautes.

Ou le problème se complique partout, c'est que ces interdictions sont extrêmement difficiles à appliquer techniquement.

En tout cas, voilà qu'Internet, qui devait ouvrir l'autoroute du paradis, se met à ressembler à l'autoroute de l'enfer.

IRA : un attentat au cœur de Londres fait cent blessés, après dix-sept mois de cessez-le-feu. Rupture, donc, du processus de paix. Il semble que la responsabilité de cette rupture soit partagée.

La loi visant à restreindre les interventions des magistrats dans les affaires d'abus de biens sociaux ne sera pas présentée au Parlement. Le coup était trop fort. Il a raté.

Dimanche 11 février

Longue journée de lecture tranquille, en compagnie d'un pavé, la biographie d'Albert Camus par Olivier Todd. Un beau travail scrupuleux, me semble-t-il, de journaliste chevronné, bien meilleur, plus intelligent, plus sensible que celui de l'Américain Herbert Lottman sur le même sujet.

Olivier Todd aime Camus, mais pas trop, pas à ce point dangereux pour les biographes qui s'éprennent de leur sujet. Il est bienveillant, il n'est pas complaisant. Il serre du plus près qu'il peut la vérité de l'homme et celle de l'écrivain. Aussi le lit-on avec un plaisir constant.

Todd rapporte que Camus se méfiait de moi. Si c'est vrai, ce fut réciproque. J'admirais son talent, mais j'ai toujours été circonspecte à l'égard des séducteurs professionnels. Et pourtant, celui-là avait de beaux yeux ! Violets…

Appris là que *L'Étranger* était le livre qui avait atteint les plus fortes ventes de tous les ouvrages édités chez Gallimard depuis la création de la maison. Et on continue à le lire.

Lundi 12 février

Terreur en Algérie. Dix-huit morts et cinquante-deux blessés par une voiture piégée qui visait la Maison de la presse. Quelques heures plus tôt, c'est la mairie de Bab el-Oued qui était atteinte par une voiture piégée. Trente-cinq blessés. La trêve miraculeuse observée pendant quelques jours lors des opérations électorales est bien finie. Réponse du pouvoir : la censure imposée aux journaux.

Deux enseignants de Pantin publient un précieux petit dictionnaire, réalisé avec la collaboration de quatre-vingts de leurs élèves. Il s'agit du langage qu'emploient ces élèves et de sa traduction en français standard. Indispensable si l'on veut faire la conversation avec ces jeunes gens… Ils ont une invention ébouriffante.

L'Église de France vient de faire connaître que l'usage du préservatif « peut être nécessaire ». Les évêques précisent : « Le préservatif se comprend pour les cas où une activité sexuelle déjà intégrée à la personnalité a besoin d'éviter un risque grave. » Et ils ajoutent : « Il faut maintenir que ce moyen n'est pas une éducation à une sexualité adulte. »

Tout arrive, même ce qu'on espère.

Mardi 13 février

Il y a une mode, dans le goût, qui n'épargne pas la meilleure peinture. On s'engoue, on porte au pinacle, on rejette… Ainsi du surréalisme, dédaigné depuis vingt ans – trop lyrique, trop bavard – au bénéfice des formes réduites à leur minimum. Cette mode-là aussi passe de mode, et l'on redécouvre le surréalisme, dont l'un des fleurons, Victor Brauner, mort en 1966, est aujourd'hui exposé à Beaubourg. Juste revanche sur des années où il creva de faim.

Grâce à la générosité de sa veuve, plus de cent soixante tableaux et des milliers de dessins ont été partagés entre des collections publiques, aux Sables-d'Olonne, à Marseille, Saint-Étienne, Paris. L'hommage – tardif – que lui rend Beaubourg réunit une trentaine de toiles et de dessins. Il est évident, à les contempler, que l'on a sous-estimé ce magicien provocateur.

En 1938, il perdit son œil gauche dans une bagarre. Inspiration prémonitoire : il s'était représenté, en 1931, œil énucléé pendant d'une orbite vide. Il était un peu sorcier, Brauner.

Richesse, force, maîtrise absolue de son art, il est à voir sans faute.

Voilà *Le Lys et la Cendre* en librairie. Je m'inquiète de l'accueil qui lui sera réservé.

Ce qui fait l'intérêt du livre, outre des scènes saisissantes, c'est que l'auteur s'y découvre différent de l'image que le public a de lui. On sait qu'il horripile ceux qu'il ne séduit pas. Trop beau avec son physique romantique et son décolleté, trop tapageur pour être sérieux, trop répandu dans les médias, trop sûr de lui. Trop. Il est trop. C'est un homme blessé par cette caricature qui écrit aujourd'hui, non pour s'en plaindre, seulement pour s'étonner de son étrangeté.

Ce Journal le délivrera-t-il des adjectifs qui lui collent à la peau – et où il a bien sûr sa part de responsabilité ? L'homme qui écrit « j'ai fait une immense connerie » à tel ou tel propos se dépouille lui-même de sa méchante légende. Mais ces choses-là sont tenaces. On n'a pas fini de reprocher à BHL de ne s'être pas fait tuer, d'une balle perdue, à Sarajevo.

Mercredi 14 février

Quelques incidents graves, dans les lycées et collèges, ont rendu à la violence une actualité qu'elle n'avait, en vérité, jamais perdue. On s'aperçoit seulement qu'elle est le fait d'enfants de plus en plus jeunes, de plus en plus nombreux. Et on s'affole – il y a de quoi –, et on découvre que ces enfants sont élevés par la télévision, que celle-ci serait donc la grande coupable.

Vrai ? Faux ? Des dizaines d'études ont été menées qui donnent des résultats contradictoires.

Pour les uns, sa responsabilité est incontestable. Le spectacle quotidien de la violence auquel sont soumis les enfants agit comme un poison. Pour les autres, plus rares mais tout aussi convaincus, ce spectacle agit au contraire comme une catharsis. En vérité, on ne sait rien. Et dans l'ignorance où l'on se trouve, le mouvement naturel est d'incriminer la télévision. Si ça ne fait pas de bien, ça ne fera pas de mal de la purger de ses cadavres et de ses mitraillettes.

Oui, mais comment ? Une invention est en train de se mettre en place aux États-Unis. Elle consisterait à équiper chaque poste de quatre boutons qui avertiraient les parents du degré de violence du programme à venir. A eux de les pousser pour que la diffusion en soit rendue impossible.

Cela appelle deux remarques. L'une, d'ordre pratique : il faudrait des années pour que tous les téléviseurs soient équipés et remplacés – à supposer que leurs propriétaires veuillent les changer.

L'autre : ce serait vraiment contribuer de façon massive à la démission des parents. Les reconnaître incapables d'interdire sans le truchement d'un bouton. Et que se passerait-il dans les foyers, nombreux, où se trouvent deux postes ? Les parents regarderaient-ils tranquillement leurs spectacles violents favoris pendant que les enfants auraient droit aux bleuettes ? Est-ce pensable ? Est-ce même imaginable ?

Tout cela fait en ce moment l'objet de débats en tous sens.

Personne n'a encore suggéré l'utilisation de cette bonne vieille arme qui se nomme la censure, laquelle s'exercerait, par exemple, sur les films de violence avant 11 heures du soir. Trop d'intérêts sont en jeu.

Jeudi 15 février

Pensée unique : c'est la marotte à la mode. Elle signifie que sous le poids de la classe dominante, de ses élites, de ses médias, tout le monde pense de la même manière, que toute pensée subversive ou simplement originale est étouffée, dans quelque domaine que ce soit.

Faux. Une pensée originale, si elle a de la vigueur, finit toujours par éclater.

Vendredi 16 février

Dîner autour de Salman Rushdie pour fêter la sortie de son roman, *Le Dernier Soupir du Maure*. Une saga indienne caracolante, somptueuse, pleine de couleur et de mouvement. Il semble que des négociations se poursuivent avec l'Iran pour aboutir à une levée de la *fatwa*, la malédiction qui pèse sur lui. Mais rien n'est encore acquis et il continue à vivre, depuis sept ans, sous surveillance policière permanente en changeant chaque jour de domicile. Il est toujours calme, très « british », avec un bon humour qu'il exerce à ses propres dépens. Il sait qu'il est un cas unique dans le monde, mieux : un symbole, mais il se passerait volontiers de cette suprême originalité. Je l'ai trouvé plus las que la dernière fois où il est passé par Paris, vieilli, avec sa barbe grise. On le serait à moins.

Samedi 17 février

Je n'ai plus de mains. Incapable de boutonner un bouton, de saisir un objet un peu lourd sans le laisser tomber, de me brosser les cheveux. Est-ce de l'arthrose ou je ne sais quoi ? En tout cas c'est gênant.

Plongée dans des pensées moroses, j'ai vu arriver, sceptique, un spécialiste, dépêché par Caroline, ma fille. Il ne m'a pas encore rendu mes mains mais, en quelques manipulations, il m'a rendu le moral. Foi d'animal, ça s'arrangera, dit-il.

Dimanche 18 février

Kasparov, le champion d'échecs, a battu l'ordinateur Deep Blue d'IBM, programmé tout exprès pour le dominer et muni de quelques milliards de puces.

Pour une raison quelconque, cette victoire de l'homme sur la machine plonge les gens dans la joie, une joie que j'éprouve aussi. Comme si elle nous vengeait de ces instruments bêtes et butés qui envahissent notre vie – quoi de plus bête et de plus buté qu'une machine en panne qui n'obéit plus aux commandes ? Comme si Kasparov portait un flambeau que rien ne peut éteindre, fût-ce le géant des ordinateurs. Comme si c'était l'histoire du Petit Poucet qui venait de se jouer là.

Lundi 19 février

La presse de caniveau révèle l'existence d'un petit garçon de 8 ans qui serait le fils de François Mitterrand et d'une Suédoise. La famille s'agrandit, en somme. Ce n'est pas à proprement parler une découverte mais, jusqu'à présent, elle était restée à l'abri des journaux. Maintenant, les charognards vont être à l'ouvrage…

Mardi 20 février

Quelque chose d'émouvant vient de se produire. Une cité araméenne vieille de quatre siècles avant J.-C., Burmarina, a surgi sous la main des archéologues dans le nord de la Syrie, alors qu'un barrage menaçait de l'engloutir. Elle est exceptionnellement conservée, et l'on a trouvé – grande découverte – un lot de tablettes couvertes de caractères cunéiformes de la taille d'une savonnette, l'une constituant le plus long document en araméen que l'on connaisse. Vingt-deux lignes.

N'y a-t-il pas là de quoi rêver ?

Mercredi 21 février

Primaires aux États-Unis, dans le New Hampshire. Elles opposaient entre eux des républicains qui visent l'investiture, par leur parti, à la candidature pour le duel présidentiel.

Il y aura beaucoup d'autres primaires, mais le New Hampshire, petit État, passe pour donner le *la*.

Surprise : en face de républicains conservateurs bien convenables, comme Bob Dole, c'est un extrémiste populiste, Pat Buchanan, ancien journaliste, qui l'a emporté. Son programme : nationalisme, protectionnisme, isolationnisme et interdiction de l'avortement.

L'élection présidentielle est dans neuf mois, et il peut toujours se passer quelque chose. Mais si Buchanan est le challenger de Bill Clinton – qui n'a pas de rival dans son propre parti –, c'est un tapis rouge qu'il va dérouler sous les pieds de l'actuel président.

Secoué comme jamais, le parti républicain, hérissé par le programme économique de Buchanan, est au bord de l'implosion.

60 régiments de l'armée de terre sur 186 devraient disparaître.

Armée de métier, réforme du service militaire, service civique réduit à six mois et étendu aux filles, tout cela est en train de se discuter et pourrait faire l'objet d'un référendum.

Le service pour les filles, c'est l'une des mesures que j'avais proposées il y a vingt ans et qui avait d'ailleurs reçu bon accueil. A condition qu'on ne les cantonne pas derrière des machines à écrire et dans les infirmeries, elles auraient beaucoup à y apprendre. Mais l'objection était tombée, imparable : trop cher, beaucoup trop cher. Il serait piquant qu'il passe dans les faits au moment où l'on ne parle que d'économies. Mais c'est infiniment peu probable...

Jeanne Calment a 121 ans. Elle a, semble-t-il, toute sa tête et même de la repartie. Mais elle est aveugle et totalement sourde, il faut hurler à son oreille. Cela peut-il s'appeler vivre ? Peut-être.

Samedi 24 février

L'intervention télévisée de Jacques Chirac relative à l'armée fait l'objet de toutes les conversations. C'est un sujet par lequel chacun se sent concerné, sur lequel chacun a une opinion, dont chacun comprend bien qu'il touche au vif de la vie nationale.

Est-il bon de n'avoir qu'une armée de métier – c'est-à-dire une armée de mercenaires – et de supprimer la conscription ? L'armée du peuple ? Point sensible, ô combien ! Les Anglais s'en trouvent bien. Mais les Anglais sont les Anglais, peu portés au *pronunciamiento*.

A quoi servirait un service civil ? A une formation ? Laquelle ? Tout cela est encore flou, matière à discussion, et, en tout cas, prendra six ans avant d'entrer dans les faits.

« Le service militaire, dis-je un peu légèrement à un ami, il y a longtemps que ça ne sert plus à rien. – Ne croyez pas cela. C'est grâce à l'armée que j'ai passé mon bac. »

En tout cas, il n'y aura pas de référendum. Ce serait inconstitutionnel.

On ne peut plus présidentiel, cassant avec ses interlocuteurs Anne Sinclair et Alain Duhamel, affichant un optimisme que l'on espère fondé à propos de la croissance à venir, Jacques Chirac a multiplié les promesses. Ça, il sait faire.

Dimanche 25 février

Lu un petit livre d'Octavio Paz, *Itinéraire*. Je ne sais pas où je l'ai fourré. Il y a tant de livres chez moi... N'importe. Quelques lignes me font réfléchir un moment. Suis-je matérialiste ? Est-ce que pour moi tout est matière et seulement matière ? Non. Je suis agnostique. Mais je crois à l'esprit, aux forces de l'esprit. Quand j'entends du Bach par exemple...

Lundi 26 février

Saddam Hussein a fait exécuter ses deux gendres après leur avoir promis le pardon s'ils rentraient d'exil. Qu'en pensent les amis de l'Irak à Paris ? Qu'il a des excuses. Un grand incompris, Saddam Hussein.

Grave problème : le PSG va de défaite en défaite. Le titre de champion de France ne lui est plus assuré. Et s'il ne se reprend pas, son parcours vers la coupe d'Europe sera compromis. C'est très triste, et très mauvais pour le moral des troupes. On a besoin d'un grand club solide et triomphant, au moins de temps en temps...

En revanche, une skieuse de 29 ans, Patricia Chauvet, qui n'a jamais fait d'étincelles, a décroché une médaille d'argent en slalom, dans la sierra Nevada. Inattendu et bienvenu.

Attentat épouvantable à Jérusalem, particulièrement meurtrier, perpétré par le Hamas. La population est secouée… On somme de toutes parts Yasser Arafat d'éliminer ses extrémistes. Le Likoud accuse Shimon Peres. La tension est extrême. Et puis un homme parle devant la caméra qui capte ses paroles. Son fils est mort dans l'attentat, il est devant sa tombe. Et que lui dit-il ? « Quelle leçon tirer de cela ? Il n'y en a pas. Mais je sais que, si tu avais été à notre place et l'un d'entre nous dans la tombe, tu n'aurais pas éprouvé de haine. » Sublime message, cette parole de paix prononcée du fond de la douleur. Mais qui a encore des oreilles pour l'entendre ?

Mardi 27 février

Un journaliste de mes amis, bien informé, tient à jour mon « carnet rose » s'agissant du personnel politique.

« Le petit D. est toujours avec C. ?

– Non. Elle l'a jeté.

– Et R. ? Où en est-il ?

– Il continue à cavaler.

– Et le Grand Vizir ?

– Amoureux fou, comme d'habitude.

– D'Y. ?

– Mais non, voyons, Y. c'est fini. Elle pleure énormément.

– Et ça va comment chez les V. ?

– Elle est bavarde comme une pie. Alors il vit bouche cousue sur les affaires dont il a à connaître. Et ils n'ont plus rien à se dire. »

Me voilà ferrée. Utile pour éviter les gaffes.

Trois comédiennes connues se sont défigurées en se livrant à l'ivresse du collagène. Le collagène est cette substance que les chirurgiens esthétiques injectent sous la peau pour effacer, provisoirement, les rides. Or certains ont inventé d'en injecter à l'intérieur des lèvres pour les gonfler et obtenir une bouche plus sensuelle.

Le résultat est affligeant. Et Béatrice Dalle rit. Heureusement, au bout d'un temps, le collagène fond.

Mercredi 28 février

Trois de mes arrière-petits-enfants viennent déjeuner avec moi. Ils habitent la province. Je les connais à peine. L'un s'endort aussitôt. L'autre est déluré mais trop petit pour que nous échangions plus que des onomatopées. Reste le troisième, un garçon de 7 ans, charmant. J'aimerais beaucoup parler avec lui, mais il est intimidé. Ou bien est-ce moi qui suis intimidée ? Le contact ne s'établit pas et je suis triste. Et puis je me dis qu'un jour il y aura une rencontre entre nous, que quelque chose de tendre jaillira, que nous ferons connaissance… Les grands garçons, je sais comment leur parler…

« Ça vous intéresse vraiment, le football ? » me demande P. C., sceptique. Eh oui ! Ça m'intéresse. J'aime le beau jeu. Malheureusement, on en voit peu et je ne jurerais pas que je suis avec ferveur toutes les rencontres, mais je me tiens au courant… J'ai mes favoris… Je peste quand ils perdent… Ainsi, ça me fait plaisir que le PSG se soit repris devant Lens. Et j'aimerais énormément qu'il se comporte bien contre Parme, le 7 mars, en coupe d'Europe. Mais je vous accorde qu'en ce moment tout cela manque un peu d'éclat. Il était une fois Platini…

MARS

Vendredi 1er mars

Selon une boutade célèbre, il existe 3 000 Corot, dont 8 000 aux États-Unis. Autrement dit, les faux du fameux peintre français ont pullulé. Pour célébrer son bicentenaire, les organisateurs de l'exposition ont réduit à 155 le nombre de tableaux réunis au Grand Palais. De quoi faire largement connaissance avec le peintre du ciel.

C'était un drôle de bonhomme, Corot. Fils de drapier, endurant pendant huit ans l'apprentissage de ce métier pour parvenir à ses fins, peindre, célibataire endurci, artiste sans clients – il vécut grâce à la dot de sa sœur morte qui lui fut reversée – et puis, pendant la seconde partie de sa vie, soumis à de considérables sollicitations commerciales et leur faisant honneur.

Il a traversé le XIXe siècle sans paraître s'en apercevoir. Les Trois Glorieuses ? Il les ignore. La révolution de 1848 ? Il participe à la rénovation du jury du Salon officiel. La Commune et la guerre de 70 ? De son atelier du faubourg, il ne les voit même pas passer.

Ce qui l'intéresse, ce sont les champs à l'aube, la

lumière du matin, vermeille, quand les valeurs s'affirment dans la transparence aérienne avec leur maximum d'exactitude, de finesse et de pureté. C'est pour les capter qu'il stationne dans la campagne, avec son chevalet, sa toile, ses crayons et ses pinceaux. D'où ces doux chatoiements de couleurs.

Les organisateurs de l'exposition se sont donné beaucoup de mal pour montrer au public le cheminement de Corot, pour lui enlever son étiquette de « précurseur de l'impressionnisme », pour donner à voir dans son œuvre le repentir, le retour en arrière, la variante et la réplique dans le domaine du paysage comme dans celui de la figure. Ils ont réussi.

Dans le flot des paysages, un tout petit tableau vous saute aux yeux. Une femme nue. *Marietta à Rome*. Un bijou. Tranquille, Corot était aussi modeste et le resta quand le succès fut venu. Parlant de Delacroix, il disait : « C'est un aigle et je ne suis qu'une alouette. Je pousse des petites chansons dans mes nuages gris… »

Ces jours-ci, Corot chante au Grand Palais.

Samedi 2 mars

Soirée de rêve comme on en souhaite à tous ceux qui aiment la musique, hier soir, à l'Opéra.

La belle salle du Palais-Garnier faisait sa réouverture, rénovée, brossée, lustrée, avec un nouveau collier de perles autour du plafond de Chagall. Pour célébrer l'événement, Hughes Gall, le directeur de la maison, a frappé fort : il a offert à ses invités Sir Georg Solti au pupitre, dirigeant le *Don Juan* de Mozart en concert. En concert, c'est-à-dire sans décor, sans mise en scène. Les interprètes et l'orchestre sur la scène, tout simplement.

A 83 ans, Solti est éblouissant, vif comme un goujon, tenant son monde d'une main de fer.

Interprétation parfaite à une voix près, beauté de Renée Fleming à la voix radieuse, esprit de Furlanetto, grâce, légèreté, tendresse, ce fut un enchantement. Et Solti reçut une *standing ovation* interminable.

Il s'agissait d'une représentation unique. Je me suis sentie honteusement privilégiée d'y avoir assisté.

Retour, ce soir, à l'Opéra, pour une soirée « normale » cette fois, afin d'entendre *Cosi fan tutte*. Un opéra méchant. Misogyne. Toutes les mêmes, elles trompent leur amant sitôt qu'il tourne les talons. Mais c'est délicieux à entendre. On n'a jamais trop de Mozart à se mettre dans les oreilles. Ce *Cosi*, néanmoins, a été décevant.

Dimanche 3 mars

Travaillé sans lever le nez sur *Cosima*, qui me donne du fil à retordre. Quelle famille, ces Wagner !

Interrompue soudain par le téléphone : Marguerite Duras est morte, France-Info me demande une réaction. Je la donne : grand écrivain, beaucoup de charme… caractère difficile… avait une vive conscience de son talent et voulait être tenue pour le premier écrivain français, pas le second, le premier… Etc., etc. Ce qu'elle laissera ? En tout cas, un chef-d'œuvre : *Le Ravissement de*

Lol V. Stein, et cinquante romans au moins, des pièces aussi. Une œuvre.

Je raccroche et je me dis que dans un mois, dans un an, France-Info téléphonera à je ne sais qui et dira : « Françoise Giroud est morte. Vous me donnez une réaction ? »

Mais, pour l'heure, ça va très bien, merci. Comme le remarquait François Mauriac en dégustant des huîtres avec ses mines de chat, quand on vieillit tous les petits maux dont on souffrait dans sa jeunesse, mal ici, mal là, gorge fragile, points de côté, disparaissent. Et on peut se délecter de vin blanc ! Ce que je me prépare à aller faire de ce pas, avec Pierre Chevalier.

Mais je n'en ai pas fini avec Duras. France 3 se réveille, puis la Une, puis Jean Daniel me demande un papier pour *L'Obs*. Je renâcle. Pas grand-chose à dire sur elle sinon des banalités, pas de documentation sous la main. Il insiste. Je ne sais pas lui résister. Bon, je ferai le papier demain, mais maintenant je veux aller dîner, dîner, et qu'on me lâche les baskets avec Duras.

Lundi 4 mars

La droite gagne les élections en Espagne sans décrocher la majorité. Les socialistes la talonnent avec 37 % des voix contre 38. Elle devra trouver des alliances pour gouverner, l'appui des Catalans, qui ne sont pas des enfants de chœur.

Il ne me plaît pas tellement ce petit monsieur moustachu, José Maria Aznar, qui va devenir le prochain chef du gouvernement. Il a quelque chose d'étriqué. On verra.

Pour le moment, l'étonnement vient de la bonne tenue des socialistes après onze ans de pouvoir et une brassée de scandales. Mais si le mot « charisme » a un sens en politique, il est fait pour Felipe Gonzalez.

Mercredi 6 mars

Nouvel attentat extrêmement meurtrier, à Tel-Aviv cette fois. Un homme s'est fait sauter sur un trottoir, au milieu de la foule. L'émotion est intense, et pas seulement en Israël où la population, exaspérée devant ce terrorisme irréductible, se retourne contre ses dirigeants et ne veut plus entendre parler de paix. C'est exactement ce que cherchent les terroristes : renverser Shimon Peres, torpiller le processus de paix. Ils se font ainsi les alliés objectifs de la droite.

Au-delà des morts et des blessés, ce qui se passe est donc très grave. C'est tout l'édifice patiemment construit par Rabin et Peres avec Yasser Arafat qui est en train de s'effondrer.

L'Obs publie les rémunérations de quelques stars de la télévision. Chiffres hallucinants. Elles ont toutes leur propre société à travers laquelle ces messieurs et dames se sucrent. Minimum : 2 millions par an. Maximum : 10 millions par an et des poussières. Tout à coup, c'est bizarre, ça les rend antipathiques. Trop, c'est trop.

Jeudi 7 mars

A peu près fini *Cosima*, mais le manuscrit est lourd de tant de corrections qu'il faut le redactylographier.

Pourquoi me suis-je engagée dans ce travail, je ne sais pas. Par défi, je crois. Parce qu'on m'a dit que je n'y arriverais pas, que j'aurais tous les spécialistes à mes trousses – et Dieu sait si les wagnériens sont ombrageux – pour déceler mes faiblesses et mes erreurs. C'est probable en effet. Donc, les réduire au minimum, donc travailler, travailler, travailler.

C'est ce que j'ai fait, obstinément.

Quelque chose m'a troublée. Cosima Wagner est un personnage de grande dimension mais elle n'est pas entièrement sympathique. Elle peut même être odieuse. De temps en temps, j'ai eu envie de l'abandonner, de la jeter. Mais elle est aussi captivante, une grande figure de femme. Elle m'a eue, en un sens.

Enfin, voilà, c'est fini. Et je me sens comme un sac vide.

Samedi 9 mars

« Recherchons nouveau capitalisme désespérément » : telle est l'annonce que pourraient publier les chefs d'entreprise bousculés par la mondialisation. Le Big Business se fait insulter, jusque dans sa patrie, les États-Unis, par *Newsweek*, qui traite les patrons de vulgaires « assassins industriels » gagnant des mille et des cent et licenciant par milliers. Partout aux États-Unis on commence à douter des bienfaits de l'ultralibéralisme, de l'ouverture des frontières, de la dérégulation à tout-va face à une crise sociale qui prend des formes nouvelles.

Dénoncer le « grand capital », ce n'est pas nouveau. Le

nouveau, c'est que c'est le parti du grand capital lui-même qui dénonce le comportement des grandes entreprises.

Des suggestions surgissent, des propositions fleurissent, le capitalisme cherche un nouveau souffle. Nul doute qu'il le trouvera. Le propre du capitalisme, c'est sa faculté d'adaptation parce qu'il n'est pas dogmatique. Mais, en attendant, que de dégâts.

Tendre, tiède, le printemps a montré le bout de l'oreille. A Paris du moins, ailleurs je ne sais. Les bourgeons n'ont pas encore percé mais ils sont là, ils frémissent, quelques jours encore et mon ami marronnier du Cours-la-Reine sera vert. Il est toujours le premier à se couvrir de feuilles. Alors, chaque année, je le guette, je vais lui serrer la main.

Aujourd'hui, il a encore cet air qu'ont les arbres en hiver d'être en bois.

Dimanche 10 mars

Israéliens et Palestiniens unis procèdent à des arrestations massives et spectaculaires dans les rangs terroristes. Efficaces ? On va voir. Arafat, en tout cas, est courageux.

Une grande conférence antiterroriste est prévue, mercredi, en Égypte. Les États-Unis voudraient que l'Iran, qui finance apparemment les terroristes, soit mis en accusation. La France et l'Allemagne, qui font largement commerce avec l'Iran, s'y refusent. A part une condamnation de principe et de belles paroles, on se demande ce qui peut sortir de cette conférence.

Lundi 11 mars

On frémit en voyant les bombes chinoises tomber au large de Taiwan pour dissuader la petite île de réclamer son indépendance. Les États-Unis, qui protègent Taiwan, ont dépêché une escadre. Des guerres ont éclaté pour moins que cela…

La Corse est à feu et à sang. La maison d'un journaliste de *Libération* a été criblée de balles. Le gouvernement reste muet et poursuit des tractations avec les milieux nationalistes. Mais quels milieux, au juste ? Pour quelles tractations ? Entre qui et qui ? Selon un dernier sondage, 63 % de Français se disent partisans de l'indépendance de la Corse. Ils ne comprennent rien, ou pas grand-chose, à ce qui se passe là-bas, sinon qu'on y tue à bout portant. Le journaliste de *Libération* a été attaqué parce qu'il était l'un de ceux qui tentaient de faire la lumière.

Mardi 12 mars

Le pape recommande le jeûne en matière de télévision. Pour une fois, me voilà d'accord avec lui. Si seulement il pouvait encourager les foules à cesser de se bâfrer d'images… Un mouvement intéressant se dessine : toutes chaînes confondues, la télévision a perdu 1 800 000 spectateurs entre 20 heures et 22 heures. Mais on ne sait pas encore comment l'interpréter.

Épidémie de suicides parmi les policiers. Onze, douze, treize… Pour une raison ou pour une autre, c'est la dernière corporation que l'on imagine sensible à la déprime. Idées reçues. Le métier n'endurcit pas. Il fragilise.

Mercredi 13 mars

Le sommet antiterroriste s'est achevé sur une déclaration symbolique. Aucune décision opérationnelle n'a été arrêtée.

A propos des précautions prises vis-à-vis de l'Iran, Jacques Chirac, parlant à la télévision, cite un proverbe arabe : « Il ne faut jamais pousser un chat au coin d'une porte. »

Quant aux Syriens, ils ont boudé la réunion.

Ce qu'il faudrait changer, c'est l'ordre du monde. A 20 ans, je croyais que c'était possible. Quand on y renonce, il ne reste qu'une issue : se changer soi-même. Décrocher de toutes les utopies, ne plus se préoccuper que de soi, de ses plaisirs et, pourquoi pas, de son salut. Mais cela suppose des dispositions que je n'ai pas…

Jeudi 14 mars

Je me débats avec un répondeur téléphonique réfractaire. Pourquoi diable ces appareils ne sont-ils pas standardisés ? A peine a-t-on appris à pratiquer l'un qu'il se casse, et il faut s'habituer aux petites manies du suivant. Et les notices sont rédigées en cochinchinois. Bon, j'y arriverai. On y arrive toujours. Mais cela vous tire sur les nerfs.

Blanche, ma soubrette, est indignée. Elle a regardé « La marche du siècle », qui réunissait un plateau imposant de philosophes et de scientifiques. « J'ai rien compris, Madame, rien. Ils ne peuvent pas parler comme tout le monde, ces gens-là ? » Elle est intelligente pourtant. C'est une affaire de vocabulaire. Elle est à la fois humiliée et furieuse parce que le sujet, « L'an 2000 », l'intéressait. La voilà, la fracture sociale…

A moins d'être sourd et aveugle, il est impossible d'ignorer que Danielle Mitterrand vient de publier un livre. Lancement mirobolant qui l'a déjà propulsée en tête des ventes. Il faut dire qu'elle est attendrissante dans ses apparitions télévisées, répondant gentiment aux questions – toujours les mêmes – en fronçant son nez de petit chat, défendant « François » bec et ongles…

Pendant ce temps, le livre du vilain Dr Gubler demeure interdit, mais d'autres sont annoncés. Que reste-t-il encore à dire sur François Mitterrand qui n'ait été écrit ? La mine paraît inépuisable, comme si les Français ne se lassaient pas de fouiller le sphinx aux sept visages.

Kieslowski est mort, à 54 ans. Maîtrise, imagination, audace, l'auteur de *Bleu*, *Blanc* et *Rouge* était un grand, parfaitement original au sein du cinéma. Que c'est bête et méchant, la mort…

Tout était prêt pour qu'il se fasse opérer du cœur à

Paris – un pontage qui est devenu la routine pour les chirurgiens français. On lui avait même trouvé un médecin parlant polonais afin qu'il ne se sente pas trop dépaysé. Tout était prêt, tous les examens accomplis. Et puis il a voulu rentrer chez lui. Comment ne pas le comprendre ? Mais, chez lui, on n'a pas su l'opérer. Voilà.

Vendredi 15 mars

Les chercheurs français du Généthon publient la première carte complète du génome humain. Sont localisés et identifiés, si j'ai bien compris, les 100 000 gènes que contiennent nos 23 paires de chromosomes. Sont recensés 5 264 « marqueurs », soit un à chaque maillon de base de l'ADN. Une nouvelle étape est en projet qui accélérera encore l'identification des quelque 3 000 gènes que l'on sait impliqués, d'une manière ou d'une autre, dans une maladie héréditaire. C'est un extraordinaire travail qui s'est accompli là, avec l'argent du public – près de 100 millions de francs –, qui peut être fier de sa collaboration.

Réaction du Dr Cohen, qui a une large part dans ces travaux, interrogé sur le point de savoir s'il croit en Dieu : « L'année dernière, je vous aurais répondu que j'étais athée. – Et cette année ? – J'ai du mal à croire que tout cela soit le fruit du hasard… » Mais à l'auteur éventuel du fabuleux puzzle qui se cache derrière la vie, il n'ose pas encore donner de nom.

Samedi 16 mars

Ils n'ont pas mal joué, mais pas vraiment bien non plus, accumulant les fautes. Alors, comme on pouvait s'y attendre, les Français ont pris la pile à Cardiff contre l'équipe galloise de rugby, dans le tournoi des Cinq Nations. 16 à 15.

Triste, triste…

Dimanche 17 mars

Alain Juppé ne se voit pas en péril puisqu'il annonce son programme pour deux ans. On verra bien et, en vérité, on s'en moque un peu. Ça n'a pas de sens de lui faire porter le poids de tous les mécontentements.

Dans un élan lyrique, il vient de s'écrier : « Pour la France, c'est le printemps ! » Diable, où a-t-il vu cela ? Il y a bien quelques chiffres favorables, en effet, mais rien qui laisse présager la décrue du chômage. La plaie, purulente, reste ouverte…

Déjeuné hier chez des amis avec Félicien Marceau, l'avocat Paul Lombard, et quelques personnes dont je n'ai pas compris le nom. Situation rêvée pour faire des impairs. Et d'ailleurs j'en commets un…

J'aime ce qu'écrit Félicien Marceau. C'est aigu et toujours superbement fait. Mais il est à l'autre bout de la table où nous sommes dix. De notre côté, conversation classique entre gens policés. On parle peinture – il y a de belles œuvres au mur –, musique, livres, chacun place son anecdote, on parle de tout un peu, du cardinal Lustiger qui vient d'être reçu à l'Académie française, et tout à coup les voix s'échauffent, on parle télévision.

Chacun a vu quelque chose qui l'a choqué, ahuri ou irrité. A croire, mais je l'ai déjà observé, que la télévision est devenue le point de passage obligé de toute conversation collective. Alain Delon, comment est-il, vous le connaissez ? Vous le trouvez vraiment beau ? Débat contradictoire sur la beauté d'Alain Delon. Et ce mufle ? Vous avez vu ce mufle qui a interrogé Lustiger à « Invité spécial » en l'appelant « monsieur Lustiger » ? Mais où vont-ils les chercher, ces journalistes !

Dessert, café. Nous nous séparons. Je ne sais toujours pas avec qui j'ai déjeuné. C'est une scène banale de la vie parisienne.

Lundi 18 mars

Je râle. Mes mains refusent de m'obéir et je pense avec terreur à ce qui m'arriverait si je ne pouvais plus taper sur un clavier. Je me sens handicapée, diminuée, vieille quoi ! Quelle saloperie, la vieillesse !

Et puis – est-ce parce qu'il y a un rayon de soleil ? – j'imagine tout ce contre quoi l'âge me protège. Tout ce qui ne risque plus de m'arriver : un chagrin d'amour, un viol, une perte d'emploi, une jambe cassée au ski, des angoisses sur le sens de la vie… Et je ris de moi-même…

Lu le premier roman d'un jeune homme qui a du tempérament. Retenir son nom : Yann Moix.

Son ouvrage a un mauvais titre, *Jubilations vers le ciel*, mais il est bourré de talent. Son sujet : l'amour, l'amour fou. J'aurais aimé que le jury du prix Femina lui décerne son prix du Premier Roman mais je n'ai pas été entendue. N'importe. Il fera son chemin.

Horrible fait divers : un SDF, qui dormait au pied de l'église Saint-Vincent-de-Paul à Paris, a été arrosé d'alcool par trois personnes non identifiées, « de type européen » selon un témoin, et il a brûlé. Totalement brûlé. De la sauvagerie pure, en pleine rue, à Paris.

Mercredi 20 mars

Christine Ockrent vient déjeuner avec moi. Elle est meurtrie au fond par son élimination de la direction de *L'Express* alors qu'elle a fait monter de façon substantielle la diffusion du journal.

Mais *L'Express* a changé – une fois de plus – de propriétaire et le nouveau venu entend faire du magazine un journal plus populaire, bas de gamme, à la façon du *Focus* allemand, qui est sa bible, bien qu'il ne sache pas l'allemand. Il compte sur une nouvelle direction pour le conduire sur ces traces à une vente de 800 000 exemplaires, contre 500 000 aujourd'hui. C'est son droit, celui du capital, qui a toujours le dernier mot. Est-ce son intérêt ? On le verra dans quelques mois, lorsqu'une nouvelle formule aura été proposée aux lecteurs. On saura alors, en quelques semaines, si elle prend ou si elle échoue.

En vérité, *L'Express* a connu tant de tribulations depuis vingt ans, tant de directions différentes, tant de changements d'équipe, sans perdre son public que j'ai tendance à le croire insubmersible. Rien ne peut le faire sombrer, même une cure brutale de modernisme à l'allemande. D'ici à croire qu'elle lui sera salutaire, en termes de commerce – puisque c'est de commerce qu'il s'agit –, c'est une autre histoire. On verra.

Les sondages montrent que, pour trois générations de lecteurs, le journal reste attaché à mon nom et à celui de JJSS, bien que nous n'y soyons plus pour rien depuis vingt ans et plus. J'ai l'impression qu'ils vont avoir comme une surprise !

Jeudi 21 mars

Je me suis tant démenée à propos de la Bosnie pendant trois ans… Et maintenant c'est d'un œil distrait, je le reconnais, que j'observe la situation là-bas, alors que tout y est si fragile, que l'ajustement à la paix y est si difficile…

Vus à « La marche du siècle », ces Serbes qui s'enfuient des maisons qu'ils occupaient dans les faubourgs de Sarajevo et qui les brûlent sont pitoyables, même s'il y a des criminels parmi eux. Ces hommes qui pleurent en quittant la ville avec leur matelas sont misérables même s'ils exsudent la haine. Mais pourquoi partent-ils ? Les Bosniaques leur ont donné six mois pour revenir. Dans ce cas, ils retrouveront leur maison… Sage disposition.

A voir et à entendre cette population bosniaque meurtrie jusqu'à l'os par la guerre, où chacun a perdu un père, un frère, un enfant, on mesure qu'elle ne fera jamais le deuil de ses morts jusqu'à ce que justice se fasse, qu'une poignée de criminels de guerre, les plus abjects, soient jugés par le tribunal de La Haye.

Vendredi 22 mars

Le journal *Mutualistes* vient m'interroger sur la violence de la jeunesse, ses causes et ses remèdes. Je n'en sais pas plus que d'autres là-dessus. Les causes : la conjugaison de l'impact de la télévision, qui banalise les gestes de la violence, les déréalise, et de l'absence de « surmoi » qui caractérise la jeune génération. Elle a été élevée sans contraintes, sans interdits, sans la moindre crainte de l'autorité. Séquelles de Mai-68. Résultat : elle roule sans frein, ignorant la culpabilité. Les remèdes : je ne sais pas. Mais, ne fût-ce qu'en pensant aux enfants de demain, si j'avais à prendre une décision, j'interdirais les films de violence le soir avant 11 heures. Mesure de salubrité publique. Mais qui osera la prendre ? Alors on joue avec des mesurettes…

Football : c'est l'euphorie. Pour la première fois dans l'histoire du football français, l'un de ses représentants participera à une demi-finale dans chacune des coupes européennes.

Le PSG a battu Parme et s'est qualifié pour la demi-finale de la Coupe des vainqueurs, Bordeaux a éliminé le

Milan AC en coupe de l'UEFA – exploit historique –, Nantes a battu le Spartak Moscou en Ligue des champions. Whoopee !

Samedi 23 mars

Déjeuner bien plaisant avec Jean Daniel et Jacques Julliard après la conférence de rédaction de *L'Obs*. Julliard est heureux parce que son livre, *L'Année des dupes*, est bien accueilli, Jean Daniel est en pleine forme, les années ne pèsent pas sur lui.

A cette conférence, Jean-Marie Cavada est venu plancher pour nous décrire le panorama de la télévision au niveau des grands groupes qui vont se partager son contrôle en Europe. C'est affreusement difficile à déchiffrer, bien que Cavada soit clair. Surtout, les perspectives ne sont pas rassurantes pour la France, qui a pris tous les trains avec retard, multipliant les exploits techniques genre câble sans jamais se demander ce qu'on mettrait dans les tuyaux. Maintenant, ce sont ceux qui ont accumulé du matériel à diffuser qui sont les maîtres du jeu et qui vont occuper les satellites...

Vis-à-vis de ces problèmes, il y a deux attitudes possibles. Tout d'abord, dire : C'est trop compliqué. Après tout, Murdoch, Canal +, Dauzier, Bertelsman, Leo Kirch, ça ne me concerne pas. Comme consommateur, je verrai bien ce que tous ces gens me proposeront dans leur fameux « bouquet » de programmes. L'autre consiste à s'obstiner pour saisir tous les paramètres de ce gigantesque puzzle. Je vais demander une leçon particulière à Cavada.

Salon du livre. Foule compacte. Beaucoup de monde et beaucoup d'acheteurs.

Je dédicace un livre qui n'est pas encore en librairie, *Chienne d'année*, la suite du *Journal d'une Parisienne*. Il s'envole. C'est agréable.

Dimanche 24 mars

L'affaire de la vache folle rend mon boucher neurasthénique. Ses clients n'achètent plus de bœuf, moi la première. Pourquoi prendre le moindre risque ? « Ce sont les vaches anglaises qui sont folles », me dit-il, lugubre. « Je sais bien mais, que voulez-vous ?, on n'a pas envie… »

Pour tout arranger, les experts sont très divisés sur les risques de contagion à l'homme par absorption de la viande folle. Elle donne – ou elle pourrait donner – une sale maladie dite « de Creutzfeldt-Jakob ».

Il serait heureux que des informations précises et fiables soient diffusées à ce sujet. Sinon, ça va être la panique.

Henri Emmanuelli est un honnête homme, personne ne le conteste. Même pas le magistrat qui vient de lui asséner deux ans de prison avec sursis, une forte amende et deux ans de privation de ses droits civiques. Qu'a-t-il donc fait ? Trésorier du PS, il a fait rentrer de l'argent dans les caisses électorales selon les méthodes alors en usage : fausses factures, etc.

Tous les trésoriers ont été dans le même cas. Plusieurs

ont leur dossier entre les mains de la justice. Ces dossiers n'avancent pas ? C'est que le sort des intéressés est compliqué de comptes dans des paradis fiscaux qui rendent les investigations difficiles. Du moins est-ce la version officielle.

Toujours est-il qu'Henri Emmanuelli est le premier, et jusqu'à présent le seul, à trinquer. Pourquoi sa condamnation est-elle si mal reçue, y compris dans les rangs de la majorité ? Parce que, privé de ses droits civiques, il ne pourra pas se représenter devant ses électeurs en 1998. Et que cette punition-là paraît hors de proportion avec ce qu'on lui impute. Est-ce de bonne justice ? Les socialistes hurlent à l'attentat. Le garde des Sceaux hurle au complot socialiste contre la Justice. Et, dans le rôle de la victime, Henri Emmanuelli est devenu sympathique à ceux qui l'appréciaient le moins. Conclusion on ne sait quand, devant la Cour de cassation.

Lundi 25 mars

Trois cents étrangers sans papiers, réfugiés dans l'église Saint-Ambroise, en ont été expulsés, ce qui ne correspond pas à l'idée que les braves gens se font du droit d'asile – lequel n'existe d'ailleurs pas. Soixante Africains, qui avaient trouvé refuge dans un gymnase, ont été également expulsés. Ce rassemblement massif est dénoncé par Mgr Lustiger comme une « stratégie politique » de la part de certaines organisations. Il n'empêche. L'Église appelant la police… Il y a là quelque chose qui fait mal.

A la veille de la conférence de Turin, Jacques Chirac a donné un long texte à *Libération* où il prend position sur l'Europe. Après tant de virevoltes et de tergiversations, il est aujourd'hui résolument orthodoxe. C'est peut-être lui qui, en définitive, imaginera une Europe nouvelle et en prendra le *leadership*. Il a la détermination. Aura-t-il la constance ?

Mardi 26 mars

Les vaches, ça ne s'arrange pas, pas du tout. Les Anglais s'opposent à l'embargo sur les importations de bœuf britannique et font des déclarations incohérentes. On a découvert que la maladie de la vache folle était transmissible au chat, autrement dit que la « barrière d'espèce » était brisée, des informations alarmantes circulent de tous les côtés… et le bœuf français se vend désormais cocarde en tête pour rassurer le chaland. Mais qui a encore envie de manger du bœuf ?

Marin Karmitz me fait un petit cours de Talmud. Selon le Livre, un bon Juif doit consacrer 10 % de ce qui lui reste, après avoir assuré la vie de sa femme et de ses enfants, à la bienfaisance. C'est-à-dire en premier lieu à l'instruction, puis à l'étranger, l'exclu, enfin à la veuve et l'orphelin. Il est responsable de ce qui est fait de son argent et doit s'en assurer. Pas de générosité vague pour conscience malheureuse. De l'action concrète et contrôlée.

Des règles vieilles comme le Talmud et sages comme lui, qui sont, paraît-il, respectées.

Mercredi 27 mars

Olivier Orban publie en mai un livre, *Leila m'a dit*, dont l'histoire est curieuse.

C'est son avocat qui lui a remis le manuscrit, sans nom d'auteur. Emballé par un ton singulier, une écriture particulière, il a décidé de le publier. Mais l'auteur reste invisible. Et Orban s'interroge : est-il victime d'une imposture ? D'un écrivain connu qui se cacherait pour se révéler ensuite ? D'une nouvelle affaire Ajar ? Ou bien y a-t-il vraiment quelque part un jeune homme doué qui, pour une raison quelconque, se dissimule ? Mais pourquoi ?

L'avocat reste bouche cousue.

Vu *Maudite Aphrodite*, le dernier Woody Allen. Un petit bijou. L'histoire d'un homme qui a adopté un enfant et qui recherche la mère, laquelle se trouve être une petite putain. Ce pourrait être un mélo, c'est une comédie sensible et drôle de bout en bout. Quel plaisir, un bon film…

La concession de la Une a été renouvelée, comme on pouvait s'y attendre. Certes, la chaîne s'est mise en contravention avec les engagements pris il y a dix ans – le fameux mieux-disant culturel –, on peut dire qu'elle s'est faite racoleuse, certes, elle a été sous le coup de multiples sanctions et amendes, mais une loi de 1994 encadre de telle manière l'activité du CSA par rapport aux chaînes commerciales qu'il a été impuissant à poser le débat de fond : quelles devraient être les obligations d'une chaîne privée émettant sur un réseau hertzien appartenant à l'État ? Rien de tel n'a été soulevé.

La réponse n'est pas simple si on ne veut pas faire d'angélisme. On pourrait dire d'un mot : jusqu'où peut-on aller plus bas ? Voilà la Une libre désormais de crever le plancher.

Prudent, le gouvernement s'était soigneusement gardé d'intervenir. On ne se met pas la Une à dos sans nécessité absolue. Le renouvellement de la concession vaut pour cinq ans.

Jeudi 28 mars

Micheline Decaux m'a fait une photo somptueuse pour la couverture de *Chienne d'année*. Elle a un peu de magie dans les mains. Maintenant, il ne me reste plus qu'à lui ressembler, à cette photo !

Vendredi 29 mars

Dîné avec Marianne Nahon, en filles. Son mari est absent. Nous constatons que tout va mal, et même de mal en pis. Le chômage, les impôts, les affaires – dans son métier, une galerie d'art, c'est un pur désastre –, l'état d'esprit général qui est morne, apathique, cette impression oppressante d'être dans un trou noir dont on ne se sortira jamais. Et maintenant cette histoire de vaches folles. On a peur !

Je lui dis : « Il n'y a que le football qui marche. La France a battu la Belgique. C'est la dixième victoire consécutive de l'équipe de France. » Mais elle se moque du football… Elle pense qu'un jour « les gens vont descendre dans la rue » : « Ça va exploser, vous verrez… » Elle ne sait pas vraiment ce qu'elle veut dire mais elle exprime un sentiment courant, un « ça ne peut plus durer » que l'on entend partout.

Ça dure, cependant, et le pays s'enfonce chaque jour davantage dans le cirage malgré les exhortations d'un Premier ministre qui peut toujours annoncer le printemps… c'est comme s'il crachait dans un violon.

Soyons honnête : des chiffres tombent ce matin en provenance de l'INSEE qui indiquent une reprise de la consommation et de l'investissement et annoncent une croissance de 1,5 % en 1996. Embellie, mais trop faible pour réduire le chômage, qui a augmenté en février, qui augmentera en juin.

L'INSEE, toujours lui, estime d'autre part que les conditions d'une reprise de l'activité mondiale sont réunies et que « la demande mondiale adressée à la France pourrait s'accélérer à partir du printemps avec un taux de croissance en rythme annuel de 5 % ». Ombre à ce tableau : l'Allemagne, notre principal partenaire commercial, qui traîne la patte. Si ces prévisions s'avèrent, on commencerait à sortir de l'auberge en 1997. Dans le court terme, il reste à broyer du noir.

Samedi 30 mars

Exposition au palais de justice, sous l'égide du ministère du même nom, d'une série de photos prises par Raymond Depardon. Scènes de la vie judiciaire, avocats, magistrats, plaignants… C'est extraordinaire. Qu'a-t-il donc dans l'œil, Depardon, pour saisir de telles images… Pour les accompagner, le ministre m'a demandé, comme à une quinzaine de personnes, un commentaire manuscrit de quelques lignes sur la justice. J'ai proposé quinze lignes un peu subversives. Elles sont affichées. Rien à dire.

Dimanche 31 mars

Voici donc Giscard sorti du jeu. Ce n'est pas sans tristesse qu'on l'a vu lancer ses derniers feux au congrès de l'UDF sous les sifflets. On dira qu'il a eu son compte, mais un homme politique n'a jamais fini d'espérer. Il a espéré retrouver l'Élysée, il a espéré qu'il serait maire de Clermont, il a espéré qu'il garderait la main sur l'UDF, et puis voilà, c'est fini. Il y a quelque chose de pathétique dans cette sortie sans gloire d'un stratège fourvoyé après avoir connu tous les honneurs. Tant d'intelligence, tant de talent, et au bout l'échec, alors que son pire ennemi, Chirac, tient le manche. Dur, dur…

La dernière fois que j'ai vu Giscard, c'était à l'Opéra. Il est passé devant moi pour rejoindre sa place et s'est arrêté un instant. « Nous avons de bons souvenirs dans cette salle », me dit-il. Oui, excellents. C'était sous son règne. « Les gens étaient différents. Il y avait une créativité, un entrain, un bouillonnement... On en a une certaine nostalgie, non ? » Et il s'est éloigné sur ses grandes jambes.

Que va-t-il faire maintenant ? Peut-être s'ériger en censeur du pouvoir, rôle où il excelle, dire durement ce qu'il croit, faire mal quelquefois... Mais sa physionomie est détériorée, son autorité diminuée. L'écoutera-t-on ?

Je ne vais pas pleurer sur son cas, il y en a de pires, mais tout de même. C'est un sort cruel de quitter la scène sous les sifflets quand on a tant voulu être aimé. Horrible jeu que le jeu politique. Il ne fait grâce à personne, même pas à ses enfants gâtés.

AVRIL

Lundi 1er avril

Voici PPDA sorti de prison – enfin, de quarantaine, veux-je dire. Maintenant, il joue sa réputation. Saura-t-il dépoussiérer le Journal et lui rendre son audience, fâcheusement effritée ?

Intéressant à observer.

Mardi 2 avril

Un revenant : Lech Walesa. Sous le feu des caméras, il a fait une rentrée spectaculaire aux chantiers navals de Gdansk où, si on l'en croit, il a repris son métier d'électricien pour pouvoir toucher sa retraite. Et il n'aurait maintenant qu'une ambition : devenir le premier président d'une confédération européenne.

En fait, les choses seraient moins claires. Il n'a pas besoin d'argent et se prépare d'ailleurs à voyager aux États-Unis. Et nul ne doute autour de lui qu'il va se battre pour essayer de gagner les prochaines élections. L'ancien président de la République contraint de gagner sa vie comme électricien, c'est très romantique mais, selon toute apparence, c'est de la mise en scène. Et quand cela serait ? Walesa est un homme politique, et quel homme ! Le dédain avec lequel le Journal de la Une a traité le héros de Solidarnosc était odieux.

Mercredi 3 avril

A la conférence du G7 sur l'emploi, à Lille, Jacques Chirac a fait l'une de ces déclarations dont il a le secret : il a préconisé une « troisième voie », entre la précarité que connaissent les nouveaux pauvres aux États-Unis et le chômage chronique caractéristique des pays européens. Que pourrait être cette mystérieuse troisième voie ? C'est la question à 1 000 francs.

Jeudi 4 avril

Réunion du petit groupe d'actionnaires qui participent au capital de *Libération* depuis les débuts du journal. J'en ai fait partie, à la mesure de mes moyens, de bon cœur. Pour aider.

Maintenant, avec le rachat du journal par Jérôme Seydoux, tout est modifié. Notre société, dévalorisée, n'est plus qu'une goutte d'eau dans la mer, et encore faudrait-il, pour continuer d'exister, procéder à une augmentation de capital. Certains y souscriront sans doute. Je ne peux pas suivre. Tout cela est triste pour moi, comme la fin d'une histoire d'amour. Enfin ! si le journal est sauvé…

Michel Rocard a des idées sur le partage du travail sans diminution de salaire. De bonnes idées ? Impossible de comprendre de quoi il s'agit tellement c'est compliqué. L'autre jour, il a sorti des petits cartons pleins de chiffres pour s'expliquer... C'était encore plus obscur. Dommage... Il y a peut-être quelque chose là-dedans à exploiter.

Canal + inaugure le 27 son bouquet de programmes numériques par satellite. « Numérique » signifie simplement que plusieurs programmes peuvent passer par le même tuyau. Les abonnés de Canal + pourront recevoir vingt-quatre programmes, et un peu plus tard quarante, à l'aide d'un décodeur spécial et d'une parabole. Alléluia ! Les gens auront-ils envie de se payer ces babioles ? Il paraît que oui. Les gens sont bizarres. Bientôt, quand d'autres bouquets numériques de vingt ou trente chaînes chacun seront en fonction – ce qui ne saurait tarder –, ils vivront cloués dans leur fauteuil, fascinés, enchaînés, gorgés d'images en tout genre, avec de la bouillie dans la tête...

C'est ce qu'on appelle le progrès. Nul doute que techniquement c'en est un. Mentalement, c'est un attentat contre la santé de l'esprit.

Samedi 6 avril

Un jeune homme est mort, à Lyon, de la maladie de Creutzfeldt-Jakob. Rien ne dit qu'il a été contaminé par de la viande de bœuf. Rien ne dit non plus le contraire. Si ce que l'on nous raconte est exact, il semble que la maladie touche très rarement des humains, qu'il y aurait une chance sur un million d'en être atteint. Donc, pas de quoi s'affoler. Mais il se trouve que cette chance-là, personne n'a envie de la prendre, et que les paroles rassurantes, personne n'y ajoute foi après tant de mensonges.

Toutes ces vaches que l'on nous montre, et ces veaux charmants, sont tout à fait sympathiques. On déteste l'idée qu'elles vont peut-être se faire abattre dans Dieu sait quelles conditions – on traite si mal le bétail. On enrage que ces innocentes mangeuses d'herbe aient été empoisonnées par des produits industriels pour des raisons bassement mercantiles. On en veut énormément aux Anglais, menteurs et fourbes. Chacun a un boucher qu'il se désole de voir sombrer dans la mélancolie. Mais manger du bœuf, non. L'envie nous en est passée.

Les cinq ordonnances du Premier ministre relatives au système de santé provoquent une tempête dans le corps médical, qui appelle à la grève le 24 avril. Elles prévoient des sanctions individuelles et collectives contre les médecins dépassant les objectifs fixés par le Parlement. Elles portent réforme de la médecine hospitalière.

Un terrain sensible s'il en est. Mais l'état des finances de la Sécurité sociale ne permet pas de reculer.

Dimanche 7 avril

Chirac au Liban. C'est son côté Bonaparte au pont d'Arcole, sympathique. Peut-il forcer le destin de ce malheureux pays pris en sandwich entre deux occupants, Israël et la Syrie, chacun justifiant sa présence par la présence de l'autre ? Évidemment non. Il peut donner de bonnes paroles qui, parfois, donnent du courage.

Vu *Beaumarchais*. Il manque un centimètre à la réalisation pour que ce soit très bon, mais c'est réussi. Le personnage est magnifique, juste historiquement, bien interprété par Luchini, qui n'en fait pas trop. On passe un agréable moment. Ce n'est pas si courant…

Lundi 8 avril

Chirac encore, en Égypte, exhortant l'Irak à appliquer les résolutions de l'ONU, en échange de quoi l'embargo qui frappe cruellement le pays serait levé… Il est clair qu'il cherche à redéfinir une politique arabe qui remettrait la France en selle dans la région.

En somme, le ministre des Affaires étrangères, c'est lui. Et, pendant ce temps, le malheureux Juppé se coltine les médecins et le reste. Mais c'est la nature du régime, où le pire des emplois a toujours été celui de Premier ministre.

Mardi 9 avril

M. Li Peng est à Paris, reçu comme un prince. M. Li Peng a 1,5 milliard de consommateurs potentiels derrière lui, et cela mérite certes considération quand on a quelque chose à vendre.

M. Li Peng a aussi de mauvaises mœurs. Premier ministre au moment des massacres de la place Tian' anmen, dont personne ne sait combien de morts ils ont provoqués, il a fait condamner à quatorze ans de prison un imprudent qui voulait les dénombrer, justement.

M. Li Peng a déclaré à la télévision française que « dans le monde, des pays différents ont des conceptions différentes sur le problème des droits de l'homme ». Qu'importe, entend-on ici et là en France, s'ils ont la même conception concernant le commerce. Pourquoi lui chercherait-on des poux dans la tête, à ce Chinois, au lieu de lui fourguer nos Airbus et, plus généralement, notre camelote ?

Et, comme en écho, Jacques Chirac déclare en Égypte : « Notre fidélité aux droits de l'homme, à des valeurs universelles, ne doit pas nous empêcher de reconnaître que ces valeurs peuvent s'exprimer sous des formes différentes. » Il y aurait donc une spécificité chinoise, arabe, africaine des droits de l'homme. Eh bien, non. La torture est la torture, partout – pour ne parler que d'elle. Va-t-on se mettre à l'absoudre ?

Un millier de manifestants, à Paris, ont protesté. M. Li Peng est devenu furieux. Il a fait lanterner Alain Juppé une heure et demie alors que celui-ci l'attendait pour dîner. Et il a exigé que le Premier ministre français garde le silence au sujet des droits de l'homme alors qu'il devait y faire allusion au cours d'un échange de toasts. Il a obtenu satisfaction. Toasts *out*. Les raisons du commerce sont toujours les plus fortes.

C'est un député plutôt sympathique, jeune, élu de la majorité en 1993, et qui tremble de perdre son siège en 1998. Je ne dirai pas son nom pour ne pas lui faire du tort. Il observe les élections législatives qui se succèdent, presque toutes perdues par son camp, et il s'interroge : qu'a-t-il été faire dans cette galère ? Le métier est dur, le moins qu'on puisse en dire est qu'il n'est pas gratifiant, il n'a aucun pouvoir d'aucune nature, sinon celui de chanter les louanges du Premier ministre, et, précisément, il n'en pense pas un mot. Il a un discours très dur à son endroit mais se garde d'en rien laisser paraître, sinon en très petit comité. Il n'a pas envie de se couler, qu'on lui enlève sa circonscription – qui sait ? – au moment des prochaines investitures…

Il pourrait se retirer avant de prendre le risque de se faire battre – et par un socialiste : malédiction ! Il pourrait, mais il ne le fera pas. Quand on a mis le doigt dans cet engrenage, on ne le retire jamais, à moins d'y être forcé. C'est comme une maladie… Une fois atteint, c'est pour la vie.

Quelquefois, il pense avec mélancolie à l'idée qu'il se faisait de la politique avant d'y entrer. C'était grand, c'était noble, c'était enivrant… Maintenant il sait : un député de base est une sorte d'assistante sociale. Ce n'est pas méprisable mais c'est loin de ses rêves. S'il est réélu, dans dix ans il fera peut-être partie d'une commission. Mais sera-t-il réélu ? Ainsi vont, désenchantés, les jeunes députés de la majorité.

Mercredi 10 avril

Ma fidèle Blanche est sens dessus dessous. Elle a entendu dire à la télévision... quoi au juste ? Qu'une ordonnance allait réglementer les choses dans les hôpitaux. Et elle est affolée.

« Pourquoi ils font ça, Madame, pourquoi ?

– Je ne sais pas de quoi il s'agit exactement, mais ils ont besoin de faire des économies.

– Avec tout l'argent qu'ils nous prennent ! A vous aussi ils prennent, il n'y a pas qu'aux pauvres.

– Il ne manquerait plus que ça !

– Dans quel siècle on est, Madame, dans quel siècle !

– Il n'y a pas de bon siècle, Blanche, sinon celui où l'on est vivant. »

Elle reste perplexe. Puis :

« Tout de même... Toucher à l'hôpital, ça ne devrait pas être permis. »

Passé trois heures avec une productrice de la BBC qui prépare un sujet sur la guerre froide et compte sur moi pour lui parler de la France dans cette perspective. Le sujet est intéressant et j'ai accepté. Moyennant quoi, pendant cette réunion de travail, elle m'a persécutée à la façon anglaise, acharnée. Liste de cent questions, et pas des plus simples, l'une revenant en leitmotiv : pourquoi y a-t-il eu des communistes en France ? Allez répondre à ça en trois phrases. Je croyais avoir tout oublié de cette période, de l'année 47 où Maurice Thorez était ministre, des grèves dont on a cru qu'elles emporteraient le régime, et puis, pas du tout, les Français ne voulaient décidément pas faire la révolution… Mais c'était là, logé quelque part dans ma mémoire. Rendez-vous la semaine prochaine pour enregistrer.

Ma charmante Anglaise repart fraîche comme une rose. Je suis exténuée.

Jean-Paul Belmondo a fait un numéro tonitruant sur la Une pour dénoncer l'hégémonie du cinéma américain sur les distributeurs français. Motif : le film qu'il vient d'interpréter, *Désiré*, ne passe que dans vingt salles en France alors que le moindre film américain en trouve au moins cent. Sur le principe, il a raison. Malheureusement, le prétexte de sa colère n'est pas le meilleur possible… *Désiré*, pièce ravissante de Sacha Guitry, est un film maladroit qui n'a aucune chance de trouver son public ni dans vingt salles ni dans deux cents. Mais, après le coup de gueule de Belmondo, personne n'ose le dire. En vérité, le producteur, qui a en boîte six comédies de Guitry, n'a jamais cru pouvoir en faire des films de grande audience. Cette « sortie modeste », avec laquelle il était d'accord, avait pour lui valeur de test.

Jeudi 11 avril

Marcel Bleustein est mort à 89 ans. Il était encore vert mais sourd profond depuis longtemps, ce qui rendait les échanges avec lui difficiles. Je l'aimais bien, ce vieux brigand à l'œil candide, bourré d'audace, d'imagination, de talent. Il avait le don de la publicité comme d'autres celui de la musique. Il en a fait sa fortune, perdue avec la guerre qu'il partit faire, aviateur, chez de Gaulle, reconstruite après la guerre, considérable. Surtout, il aimait la vie. Elle le lui a bien rendu.

Vendredi 12 avril

Énorme pavé dans la mare : l'avant-projet du rapport Fauroux sur la réforme de l'éducation. A peine rendu public – et alors qu'il ne s'agit en somme que de seize propositions dont rien ne dit qu'elles seront retenues –, il fait hurler de tous les côtés. Il faut dire qu'il frappe fort.

C'est un énorme chantier, l'éducation. Le plus important peut-être à mettre en œuvre. Celui sur lequel les gouvernements se sont successivement cassé les dents chaque fois qu'ils ont tenté d'introduire des réformes. Rien de tel pour faire sortir les étudiants et les enseignants dans la rue.

On prête à Jacques Chirac l'intention de procéder cette fois par référendum. Quelle que soit la méthode, de grandes turbulences nous attendent dans ce secteur. Que l'on réforme… ou que l'on ne réforme pas !

Samedi 13 avril

Marthe Robert est morte. Spécialiste de Kafka, qu'elle traduisit, c'était une femme d'une qualité exceptionnelle. Freud n'avait pas non plus de secret pour elle, ni Flaubert.

Son *Livre de lectures* est publié en poche. Ne pas le rater si on tombe dessus. C'est ce qu'on a pu écrire de plus intelligent sur la littérature.

Dimanche 14 avril

Une jeune femme de mes amies vient de perdre son emploi. Sa fille, 12 ans, pose quelques questions. Elle lui explique la situation et lui dit qu'elle va peut-être rester un peu à la maison. « Mais je ne veux pas ! dit la petite. Je veux d'une mère qui travaille. Je ne veux pas d'une mère au chômage. – Tu n'as pas envie que j'aie un peu de temps pour m'occuper de toi ? » Non, non et non !

Conversation d'aujourd'hui avec enfant d'aujourd'hui.

Mardi 16 avril

Vendredi, oublié un déjeuner. Hier, oublié deux rendez-vous. Pourtant je note, je note. Mais j'oublie de consulter mon agenda. Début d'Alzheimer ? Je n'ose pas y penser. Autrefois, je ne notais même pas un numéro de téléphone. Tout était bien rangé dans ma tête. Bon, inutile de gémir. Il n'y a rien à faire. Rien.

Hier soir, dîner au Club L, mon club de femmes, qui renouvelait sa présidente. Je me trouve à une petite table avec Édith Boizette, la juge d'instruction, toute blonde, menue, fragile. Elle a l'air de tout, sauf de l'idée que l'on se fait d'un juge d'instruction.

Ce qu'elle raconte au sujet de Tapie, dont elle a instruit une affaire, est effarant. Les pressions dont elle a fait l'objet, pour ne pas dire les persécutions, du côté du pouvoir, la protection dont jouissait Tapie... Elle dit avec un joli sourire : « J'étais écœurée. » Elle n'a pas cédé.

Le Club dispose d'un petit trésor de guerre et la présidente sortante, Christiane Letulle-Joly, notaire renommée, suggère que nous fassions un don, que nous créions une bourse peut-être...

Des idées fusent. J'en ai une : décerner un prix à l'homme, chef d'entreprise, qui se sera le mieux conduit, cette année, avec les femmes. Mais le Club saluerait de préférence une entrepreneuse. Je propose d'aider les femmes battues, mais je fais hurler. Bon, bon, je n'ai rien dit.

La guerre fait rage au Liban entre Israël et le Hezbollah pro-iranien. Les bombardements sont intenses. Des initiatives diplomatiques tous azimuts se déploient de la part des États-Unis, la France a entamé une « mission d'information »... Plusieurs pays sont prêts à jouer les médiateurs. Mais il est clair que les cartes sont entre les mains de la Syrie. Tant qu'elle ne contrôlera pas les activités du Hezbollah, Israël réagira. Mais veut-elle les contrôler ?

Au moment où Jacques Chirac veut relancer une « politique arabe » de la France, sans se montrer pour autant anti-israélien, la situation est pour le moins chaude.

Mercredi 17 avril

Les vaches sont de nouveau à la une. Avec une mauvaise foi bien dans leur manière, les Anglais refusent tout soudain d'appliquer les mesures d'abattage auxquelles ils s'étaient engagés et déposent plainte devant la Cour européenne en raison de l'embargo qui frappe la viande anglaise. Ils exigent que cet embargo soit levé.

A dire vrai, on est toujours aussi mal informé sur le danger éventuel que représente la consommation de la viande de bœuf, et ce flou artistique ne sert pas les bouchers… Ils sont bien malheureux, les pauvres.

Un projet de loi concernant les immigrés soulève une émotion vive, et pas seulement parmi les belles âmes. Entre autres mesures, il prévoit qu'un malade ne sera plus soigné, à moins qu'il ne soit dans un état grave, ou contagieux. Charles Pasqua est nettement dépassé.

Jeudi 18 avril

J'enregistre une émission littéraire, « Droit d'auteurs », avec Henri Troyat et Jean-Pierre Chevènement. Bonne émission, bonne ambiance, gaie. Henri Troyat m'attendrit. Voilà un monsieur de 84 ans, qui a publié plus de quatre-vingts ouvrages, qui a connu tous les succès, que les Français mettent, selon un récent sondage, en tête de leurs auteurs préférés, et, consciencieux comme un écolier, il est là pour parler de son dernier livre, qui se vendra de toute façon comme petits pains chauds. C'est épatant.

J'espérais pouvoir taquiner Chevènement, qui publie un gros livre fort savant sur l'Allemagne et la France, mais je n'en ai pas eu le temps. Il procède évidemment à une descente en flamme de la politique européenne, de

Jean Monnet à Jacques Delors en passant par François Mitterrand. Son système critique est cohérent mais quand on se demande : Alors, qu'est-ce qu'il propose Chevènement ?, on trouve… des phrases. « Il faut passer à la démocratie européenne… Les nations européennes doivent montrer leur capacité de relever ensemble les grands défis de notre temps… » Certes, mais comment ? Ce programme d'action laisse sur sa faim. Mais peut-être l'ai-je lu trop vite…

Vendredi 19 avril

Bombardement israélien violent sur le Liban, qui fait une centaine de morts parmi des civils… Un vrai carnage abominable. Se peut-il que Shimon Peres agisse pour des raisons purement électorales ? Il est vrai qu'Israël est sensible, avant tout, à sa sécurité et que, de ses positions, au Liban, le Hezbollah l'attaque tous les jours… Situation intolérable. Mais le massacre de civils est-il tolérable ? De tous côtés on s'affaire, sur le terrain diplomatique, pour essayer d'arrêter l'engrenage. Il y a du tirage entre les Américains et les Français.

Samedi 20 avril

L'abbé Pierre, quelle tristesse ! Cet homme que l'on ne peut pas ne pas aimer s'est fourvoyé dans une sinistre histoire. Le voilà servant soudain de caution morale au négationniste Roger Garaudy, sous prétexte qu'il le connaît depuis quarante ans.

Pendant ces quarante années, Garaudy a été successivement protestant, communiste, catholique, converti à l'islam, avant de nier l'existence de l'Holocauste, ce qui devrait conduire à le considérer avec circonspection.

Mais non. Voilà l'abbé Pierre qui fonce dans le brouillard, tout en avouant qu'il ne l'a pas lu ! Il a détérioré d'un coup son image de marque. On peut lui garder de l'affection, comme à un vieil homme très fatigué. On ne peut plus lui garder du respect.

Lundi 22 avril

Élections en Italie : la coalition de gauche l'emporte. C'est la première fois qu'elle accède au pouvoir depuis quarante-neuf ans. Je ne sais pas si c'est pour le mieux du pays, mais il faut bien dire qu'il est réjouissant de voir Berlusconi écarté du gouvernement. Tant de tapage, tant de prétention, tant d'arrogance, tant de vulgarité… Du temps, qui fut bref, où il était opérateur de la cinquième chaîne de télévision, il a imaginé de faire cadeau à Jack Lang d'une montre constituée d'un lingot d'or au mouvement incrusté. Ses conseillers ont dû se battre pour lui faire comprendre qu'on ne fait pas des cadeaux comme ça.

Reste qu'il faut gouverner l'Italie, un État sans État dont seule l'économie marche à un train d'enfer… Pas facile. C'est à un économiste catholique connu, Romano Prodi, chef de file de l'alliance des gauches, qu'il reviendra de s'y atteler.

Déjeuner du Femina avec Hélie de Saint-Marc, auquel nous avons décerné le prix Vacaresco. Le prototype de l'officier français de grand style. Honneur et courage. Son livre de mémoires, *Les Champ de braises*, est émouvant jusque dans le récit de son insurrection contre de Gaulle en Algérie, et quoi qu'on ait pu, à l'époque, en penser. Nous parlons du Viêt-nam, qu'il connaît bien, de l'Asie, qu'il aime, du mystère cambodgien. Comment ce peuple si doux, si tendre, a-t-il pu sécréter les Khmers rouges ? Il me raconte que les liens entre le Viêt-nam et la France sont bien antérieurs à la colonisation, ils datent du XVIIIe siècle. Bref, nous devisons, ou plutôt il parle, et je l'écoute.

Et puis il se lève pour obéir aux photographes et se laisse mitrailler avec patience. Il a compris qu'il ne suffit pas d'écrire un livre, il faut le vendre, comme disait Zola. Docilement, à 74 ans, le vieux soldat joue le jeu, en se moquant un peu de lui-même.

Mardi 23 avril

Robert Hersant est mort à 76 ans après un quadruple pontage. Il possédait 30 % de la presse quotidienne française – à la limite de la légalité –, dont un titre prestigieux, *Le Figaro*, et une quarantaine de régionaux.

C'était quelqu'un, Robert Hersant. Lesté d'un passé lourd dont on ne lui fit jamais grâce bien qu'il ait plaidé l'erreur de jeunesse, mais dont il ne se laissa jamais encombrer, cet entrepreneur-né, journaliste dans l'âme, a tracé dans la presse un sillon éclatant. Son groupe est endetté de 4 milliards. Ce n'est pas à la portée de n'importe qui, et l'on va sans doute assister maintenant à des tentatives de dépeçage… Mais il en avait lui-même assuré la séparation en deux entités distinctes, et c'est essentiellement sur l'entité *Figaro* que devraient se porter les convoitises. La perle de sa couronne de papier.

Son seul échec cuisant fut sa percée malheureuse dans la télévision privée avec la défunte Cinq. Il avait dû alors céder à un groupe anglais une dizaine de magazines pour se renflouer.

Solitaire, froid, l'œil glacial, protégé des attaques par le mépris de fer qu'il vouait aux attaquants, Robert Hersant aura vécu pour la presse, dans la presse, avec cette passion de la chose imprimée qui l'a toujours possédé. De surcroît, il écrivait bien.

Aussi lui accordera-t-on une oraison funèbre : mort d'un grand journaliste.

Mercredi 24 avril

La première grande réforme du septennat, celle de la Sécurité sociale, qui doit être promulguée par ordonnances, s'annonce houleuse. Trois syndicats médicaux ont appelé à la grève pour aujourd'hui, et ce n'est qu'un début. On y est fort en colère.

Il s'agit, il est vrai, du plus grand bouleversement du système de soins depuis 1945. Personne n'en conteste la nécessité, mais personne ne veut en faire les frais. Quoi de plus normal ?

Une réforme, cela fait toujours mal. L'important est de savoir si celle-là peut aussi faire du bien.

On entend n'importe quoi à propos du déficit des finances publiques, tarte à la crème du moment. Les socialistes l'auraient creusé par leur impéritie. Or la croissance annuelle des dépenses publiques et des prélèvements obligatoires, multipliée par 11 depuis 1973, n'est pas celle des dépenses et des impôts relevant du budget de l'État. Elle est due aux prestations sociales. Au chômage, autrement dit. Pourquoi ne pas expliquer ces choses-là clairement ?

Jeudi 25 avril

Le Mitterrand posthume est arrivé. Il s'agit, d'une part, de ses « mémoires », interrompus par la mort, d'autre part d'une méditation sur la France et l'Allemagne.

Ses mémoires, il n'a jamais voulu les écrire. Il disait : « Je ne saurais pas. Je ne sais pas comment cela se fait, des mémoires… » Mais il a accepté d'être interrogé *in extremis* par un bon journaliste, Georges-Marc Benamou, sans esquiver aucune question. C'est donc sur un ton relativement familier qu'il s'est mis à table, si j'ose dire.

Des révélations, on n'en trouve guère dans ce texte, sinon purement anecdotiques. Mais un personnage est là, dans toute sa stature, son orgueil et son génie politique, la longue patience qui a fait d'un petit jeune homme de Charente un Français majeur en son siècle. Le premier ? Il sait bien qu'il dispute la place à de Gaulle mais, se dégageant du rôle d'adversaire, il n'a pas de mots trop doux pour dire « son admiration pour le courage, le caractère, l'intelligence du chef de la France libre ». Ce qui ne manque pas de piquant. Son autre rival est à gauche : c'est Pierre Mendès France. Bien sûr, « la grandeur et la singularité de son caractère l'empêchaient d'agir au moment voulu », mais quelle stature ! Là aussi, il le couvre de fleurs, tout en s'irritant qu'on ait voulu en faire « son exact contraire ».

Qui l'emportera aux yeux de l'histoire ? Il est remarquable que François Mitterrand ait employé ses dernières forces à poser, en somme, la question. Nul doute qu'elle le taraudait.

Les *Mémoires interrompus* s'arrêtent, hélas, trop tôt, en 1971… La mort lui a retiré la plume des mains. Texte étonnant par sa fraîcheur, sa vivacité, cette façon d'être présent…

Rien d'un testament.

Publié en même temps, *Le Vieil Homme et la Mort*, de F.-O. Giesbert. Un chef-d'œuvre.

Événement historique : l'abrogation par le Parlement palestinien des dispositions de sa Charte qui préconisaient la destruction de l'État juif. Elle a été votée à une très large majorité. Ainsi, Yasser Arafat a tenu sa promesse, montrant, une fois de plus, qu'il est un grand politique. Le vote d'hier donne une nouvelle légitimité au processus de paix.

Vendredi 26 avril

Dîné avec deux amis américains généralement bien informés. Selon eux, l'Amérique va bien, même si les salariés ne sont pas tous de cet avis, l'économie est florissante et les femmes toujours aussi insupportables. Clinton sera-t-il réélu ? Possible, mais pas certain. Les choses se joueront à la télévision. Son adversaire républicain, Bob Dole, offre la particularité d'être méchant, et cela se voit, paraît-il. Si cela se voit trop, il perdra.

Je leur demande si leurs propres femmes sont insupportables. Ils se récrient. Nullement, elles sont parfaites, adorables. « Mais si vous connaissiez les femmes des autres... » C'est bien simple : les hommes ne veulent même plus envisager de partir en vacances avec elles. Ils préfèrent encore être seuls. C'est gai !

La baisse des impôts n'est pas pour demain. Ni pour après-demain. Une note confidentielle signée du chef du service de la législation fiscale est, à cet égard, définitive : baisse impossible. Cependant, la décision n'appartient pas à ce fonctionnaire. D'autres travaillent d'arrache-pied sur la question.

Quelqu'un s'obstine à y croire : Nicolas Sarkozy, qui, solitaire mais persévérant, propose un plan précis, chiffré. Réaliste ? Je ne sais pas. Mais on aimerait le penser...

Depuis le temps qu'on nous promet de baisser les impôts et que, bon an mal an, ils augmentent... Comme les Français sont patients...

Samedi 27 avril

Dois-je continuer à tenir ce journal ? A m'efforcer d'y consigner chaque jour ce qui est important, au milieu des petits événements parfois insignifiants de ma vie ? Je ne sais pas.

L'accueil fait aux deux premiers tomes m'encourage, mais je crains de lasser à la longue. Si je devais prendre la décision aujourd'hui, j'arrêterais là l'exercice. J'en suis fatiguée. Voilà, fatiguée. On a le droit, non ?

Sébastien Grall vient déjeuner avec moi. Il est mon presque-fils, et je l'aime tendrement. Il parcourt le monde en présentant son dernier film, *Les Milles*, bien accueilli partout, mieux qu'il ne l'a été à Paris. D'ailleurs, il est vendu dans dix-sept pays. Il me raconte quelque chose que j'ignorais complètement. La République de Saint-Marin, qui s'est offert un festival du film, est un paradis fiscal, comme Monaco. Mais elle n'accepte pas les naturalisations.

On ne peut pas devenir citoyen de Saint-Marin. Alors, comment fait-on pour bénéficier de ses conditions fiscales ? On créé une société, on achète un habitant de l'île – qui est donc, en quelque sorte, votre homme de paille – et on le rétribue à raison de 40 000 francs par an, prix standard. De sorte que l'île est couverte de rentiers, totalement inactifs, qui vivent de cette prébende. Épatant, non ?

J'ai toujours admiré l'ingéniosité de ceux qui se dérobent à l'impôt. Ainsi, les écrivains – il y en a quelques-uns – qui achètent une maison en Irlande et y deviennent ainsi contribuables. Ce beau pays, très civilisé, taxe à peine les écrivains et les artistes. Question de principe. Ah ! qu'il est doux, dès lors, d'être contribuable irlandais !

Sans doute n'est-il pas très civique pour un Français d'en profiter, mais il y a des jours où l'on se sent idiot d'être civique.

Dimanche 28 avril

Vu hier soir un joli film, *Le Facteur*. Un petit facteur apporte chaque jour son courrier à Pablo Neruda, assigné à résidence dans une île italienne. L'histoire, c'est la relation entre le facteur et le poète, qui lui enseigne la magie des mots, lui apprend à s'en servir. On dira que ce n'est pas un sujet. Eh bien si, c'en est un, tout bourré de drôlerie et de tendresse. A cent lieues du cinéma habituel, tirs de mitraillette et mal de la banlieue. Le plus beau, c'est que ça marche…

Le cessez-le-feu a été décrété au Liban. Ce n'est pas la paix, plutôt un retour au *statu quo ante*, avec toute sa charge de dangers. De son strapontin, la France a contribué à cet arrangement provisoire. C'est bien. De là à le saluer avec des cris de victoire comme si nous en avions été les maîtres d'œuvre… Cette façon qu'ont prise les journalistes de télévision de cirer les bottes de Chirac, qui n'en demande pas tant, finit par être dérangeante.

Lundi 29 avril

Juppé à la Fondation Saint-Simon. Il planche sur la réforme en général, puis répond aux questions de l'assistance. Il est décontracté, souriant, il connaît ses dossiers, en parle clairement, s'autorise un peu d'humour… Rien à dire. Simplement, en l'écoutant, on a le sentiment d'avoir entendu un haut fonctionnaire intelligent, pas un homme politique. Comme s'il manquait une corde à son violon.

Cette petite séance m'a fait toucher du doigt à quel point je m'intéresse, en priorité, aux affaires publiques. Je n'ai plus aucun poids sur elles, j'éditorialise de temps en temps dans *L'Obs* sur un événement un peu pointu, mais je n'appelle pas cela avoir de l'influence – ou si peu. N'importe : c'est comme une drogue. Les affaires de la France et, au-delà, les affaires du monde nourrissent mes lectures, me réflexions, mes indignations.

Sans doute ne guérit-on jamais de cette passion-là.

Mardi 30 avril

Une petite dame charmante examine mes oreilles. L'audition de l'une d'elles a été lésée, il y a quelques mois, par une mauvaise otite sèche. L'autre n'était déjà pas au mieux. Me voilà mal partie. J'en ai assez de vieillir. Je voudrais que ça s'arrête.

MAI

Mercredi 1er mai

Une journaliste qui a la bonté de me consacrer un portrait m'interroge : « On vous reproche d'être mondaine... »

Mondaine ? Ça se manifeste comment ? Je dîne rarement dehors, je ne vais jamais au théâtre, je ne sors que pour aller écouter de la musique, ou assister, de temps à autre, à une projection, on ne me voit jamais dans l'un de ces galas et autres grandes soirées parisiennes, je porte un éternel tailleur noir qui doit avoir cinq ans... Mondaine ? Je reçois quelqu'un à déjeuner presque chaque jour. Je l'ai fait toute ma vie – au journal quand j'avais un journal –, c'est ma façon d'entretenir des relations sociales, de garder une antenne sur Paris. Mondaine ? Le terme ne m'offense pas. Simplement, il est impropre.

Jeudi 2 mai

Déjeuné avec Angelo Rinaldi au mieux de sa forme, vif comme un lézard bleu. Il travaille à *L'Express* depuis vingt-trois ans, il a vu passer une cohorte de rédacteurs en chef, directeurs et autres propriétaires. Dans l'attente de ce qui adviendra à sa rubrique, il a le calme des vieilles troupes. Dans l'intervalle, il multiplie les mots cruels et drôles.

Il m'apporte des pilules de levure pour mon chat – bon pour le poil, paraît-il ; il sait cela, c'est un homme à chats – et me raconte une histoire piquante. Il y a quelques jours, un écrivain renommé se trouvait à la terrasse d'un café. A la table voisine, un client se lève, laissant sur la table un pourboire généreux. Que fait notre écrivain ? Il tire sa chaise, la glisse doucement derrière la table abandonnée et s'approprie le pourboire. Formidables avares, mus par une passion incoercible qui, généralement, les fait vivre vieux parce qu'on peut l'assouvir sans limite d'âge… A part ça, X. est un homme charmant.

Rinaldi écrit. Il est mécontent de ce qu'il fait. « Est-on jamais content de ce qu'on écrit ? » lui dis-je. Jamais. Écrire, c'est se condamner à vivre découragé.

Lu, avec grand plaisir, l'autobiographie de Régis Debray, *Loués soient nos seigneurs*. Il faudrait plutôt dire son récit de voyage, depuis le jeune homme qui voulait le pouvoir jusqu'à l'homme désenchanté revenu de toutes les illusions. « Soucieux du vrai, j'ai eu tout faux », écrit-il. C'est un égotiste, il parle très bien de lui-même, mieux encore que du marxisme, du castrisme, du guévarisme, du mitterrandisme et autres babioles, qui ont si fortement marqué sa vie.

Son texte, d'une écriture riche, est souvent cruel, y compris à son propre endroit, paradoxal, romantique et, en définitive, nostalgique d'un rêve fracassé. Aujourd'hui, Debray n'est plus marxiste, il serait plutôt gaulliste, mais pour quoi faire ? Un beau livre, mais désespéré.

Samedi 4 mai

Enregistré pour « Arrêt sur image » une interview avec Daniel Schneidermann sur le reflet que la télévision a donné du sida. En gros, quand on se remémore un certain nombre d'émissions, le bilan est plutôt positif. Je crois qu'elle a été utile.

« Mais, me dit-il, pourquoi ne parle-t-elle pratiquement jamais de la relation entre sida et toxicomanie ? » Bonne question. Elle n'en parle pas parce que la réaction générale au phénomène sida vient de son rapprochement avec le sexe. C'est la collusion du sexe et de la mort intimement liés qui saisit. Si le sida ne s'attrapait qu'à travers des seringues, il n'intéresserait personne. En tout cas, pas de la même manière. Il est surpris. Puis d'accord.

J'aime bien son émission. Elle est intelligente et, surtout, unique en son genre.

Lundi 6 mai

Mon répondeur expire. Je vais à la FNAC en acheter un autre. On me propose un tout petit boîtier pas cher, qui fait camelote, mais avec une bonne tête. Une fois déballé, je constate qu'il est fabriqué en Chine, sous une marque inconnue et qui ne laisse rien prévoir de tel.

Il est trop tard pour l'échanger, mais j'ai le sentiment désagréable d'avoir été trompée. Je ne veux pas acheter chinois.

Mercredi 8 mai

Dîner à l'Élysée en l'honneur d'Hassan II. Je n'y étais pas mais mes informateurs m'ont rapporté quelques détails. D'abord, le roi est arrivé en retard, comme d'habitude. Il est pire que ne l'était Mitterrand à cet égard. Ensuite, il a trouvé la Safrane officielle indigne de lui… Mécontent aussi de l'hôtel Marigny, la superbe résidence réservée à nos hôtes étrangers. Il a fait déménager toute sa suite à l'hôtel Crillon. Curieusement, ce fut un dîner sans femme bien que la fille du roi l'ait accompagné à Paris. Plus intéressant, son discours, où l'on a entendu : « Nos pays doivent travailler à protéger les Palestiniens et les Israéliens… » Les Israéliens ? Quelques convives ont failli s'en étrangler. Et ces quelques mots aussi à propos des Marocains qui travaillent en France : « Il faut qu'ils soient polis, dit-il, mais je ne veux pas qu'ils s'assimilent, je veux qu'ils restent de bons Marocains… »

En dehors des salamalecs d'usage, il a produit un certain effet.

Un second couteau, comme on dit, un tortionnaire de petite pointure comparaît devant le tribunal de La Haye. Dusko Tadic. Fondu dans une foule de complices anonymes, on ne connaît même pas toute l'ampleur de ses actes. Il passe en jugement pour neuf meurtres, vingt-trois actes de tortures et un viol, qui lui sont imputés directement. Son groupe en a commis bien d'autres.

Avant de prendre une part active à l'épuration ethnique, Tadic était propriétaire de café, et il a deux petites filles. Avant de devenir une bête sauvage.

Jeudi 9 mai

Je ne comprends pas l'indignation vertueuse exprimée au sujet du rapport sur le travail au noir, qui se pratiquerait largement en France.

J'ai toujours entendu dire que, dans les situations difficiles, l'économie parallèle arrondissait les angles, donnait une respiration, rendait plus supportable à un certain nombre cette situation. On le disait autrefois de l'Italie, par exemple. C'est illégal ? Oui.

Vendredi 10 mai

Serge Dassault est sous le coup d'un mandat d'arrêt international parce qu'il s'est dérobé à la convocation d'un juge belge. Le précédent de Didier Pineau-Valencienne, qui s'est retrouvé au trou, l'a mis en garde.

Que lui reproche-t-on ? Un formidable pot-de-vin versé pour obtenir un contrat.

C'est un gros poisson, Serge Dassault. Mais 1,5 milliard, c'est un gros pot-de-vin… Le voilà en tout cas empêché de voyager, au risque de se faire arrêter à l'étranger, ce qui ferait mauvais effet…

Samedi 11 mai

Jacques Chirac a gracié Omar Raddad, ce Marocain accusé d'avoir tué sa patronne, incarcéré depuis cinq ans et condamné à dix-huit ans de réclusion à l'issue d'un procès bâclé. Sa peine sera réduite de telle sorte qu'il devrait être libre dans deux ans.

C'est un cadeau du président de la République au roi du Maroc, sur lequel personne ne le chicanera. Rarement culpabilité aura paru plus douteuse.

Lundi 13 mai

L'affaire Delarue-Elkabbach gonfle, gonfle... Mais qui va éclater ?

Elkabbach est mal barré pour le renouvellement de son mandat, qui arrive à expiration à la fin de l'année. Sa politique des salaires fous est indéfendable. Et encore, s'il s'agissait de salaires... Mais sa petite bande d'animateurs ayant chacun sa société de production, ce sont des bénéfices commerciaux qu'ils encaissent. C'est-à-dire qu'ils paient moitié moins d'impôts que s'ils étaient salariés. Mais ce n'est qu'un aspect des choses... E. se défend en disant : « Si je les paie moins, ils s'en iront sur la Une, c'est la loi du marché... » Eh bien, qu'ils y aillent, et qu'ils y restent. Les vedettes, ça se fabrique, à France 2 de fabriquer les siennes. « Mais si je les perds à l'heure du *prime time*, je vais perdre ma publicité », gémit Elkabbach. Il en perdra une part, c'est sûr. Pour le moment, il risque de perdre l'honneur. C'est moins cher, mais ça peut faire mal.

Mercredi 15 mai

Grand débat au Parlement sur le budget, dans lequel Alain Juppé est décidé à couper, à tailler des coupes claires. Chacun est d'accord pour réduire le budget de l'autre, et les fonctionnaires vont être à la fête avec des réductions d'effectifs.

Ou je me trompe fort ou tout ceci, qui est important, n'intéresse personne. En fait, la politique au sens large, les affaires publiques n'intéressent plus personne, à moins d'être directement concerné par telle ou telle disposition. Tout se passe comme si chacun sentait vaguement que le pouvoir n'a plus de pouvoir – ou si peu – sur les choses, comme si l'on devinait que l'avenir est aujourd'hui entre les mains des biogénéticiens, du Big Business, des électroniciens, ou que sais-je encore, mais sûrement pas du Parlement, ni même du président de la République. Alors… Cause toujours, mon bonhomme.

Image surprenante : Jacques Chirac envoyant des baisers à la foule, assis à côté de la reine d'Angleterre. Vous imaginez de Gaulle ou même Mitterrand envoyant des baisers ? N'importe. C'est le style Chirac et il lui réussit. Il est incontestablement parvenu à se rendre largement sympathique. Pour quoi faire ? C'est toute la question, à laquelle le pays attend avec patience – pour le moment – qu'il réponde. Mais il est entré dans son personnage. Il a désormais au-dessus de la tête cette lumière invisible qui cerne ceux qui occupent de grandes fonctions, quels qu'ils soient…

Jeudi 16 mai

Bordeaux a été battu en finale de la coupe de l'UEFA par le Bayern de Munich. Deux buts à l'aller, trois buts au retour. Rien de déshonorant : le Bayern est un grand club et il est déjà beau que Bordeaux soit arrivé en finale, après avoir battu le Milan AC. L'étonnant, c'est l'allure qu'a prise cette défaite. On s'embrasse, on se congratule, on se félicite comme s'il s'agissait d'une victoire.

La télévision en est pleine, la presse aussi, ce n'est que clameurs d'admiration pour les vaincus. Le football est plein de surprises. Mais ça, on ne l'avait encore jamais vu.

Vendredi 17 mai

Il y a des mots qui vous collent à la peau. Ainsi, Alain Juppé traitant de « mauvaise graisse » les effectifs qu'il veut retrancher à la fonction publique.

Peut-on avoir un mot plus malheureux ? On va la lui faire avaler jusqu'à la dernière cuiller, cette mauvaise graisse.

Un coup de folie : j'ai voulu installer chez moi Internet. Sans nécessité. Par curiosité.

Un spécialiste est venu mettre en place les câbles et

autres prises, et se livrer à quelques manipulations sur mon ordinateur. Tout semblait en ordre pour que je puisse entrer en communication avec un serveur. Crac : la communication ne s'établit pas. Mon spécialiste s'escrime, appuie sur des touches, recommence. Rien à faire : à la dernière seconde la communication se rompt. Vexé, furieux, mon spécialiste a fait pendant deux heures d'horloge toutes les manœuvres imaginables. En vain.

J'ai senti qu'il fallait que je le console. Après tout, je n'ai pas un besoin urgent d'Internet, si je l'ai demain ou après-demain ça ira très bien. Il est parti avec un gros chagrin, tout penaud. Il reviendra quand il aura élucidé le mystère impénétrable qui le tient en échec. Et qui se tapit quelque part dans le ventre de mon ordinateur. Délices de l'Internet remis *sine die*.

Lundi 20 mai

Cannes. Le palmarès est satisfaisant, de l'avis de tous. Nous aurons de bons films à voir à l'automne. Un jeune homme trisomique, Pascal Duquenne, a bouleversé, qui joue son propre rôle dans *Le Huitième Jour* aux côtés de Daniel Auteuil. Les deux hommes ont reçu ensemble le prix d'interprétation masculine, dans l'attendrissement général.

Ces prix ne servent pas à grand-chose, même la Palme d'or, mais ils font plaisir à ceux qui les reçoivent et, en l'occurrence, on en était heureux.

Mardi 21 mai

En principe, départ pour le Mexique jeudi, en compagnie de Micheline Decaux. Objet : un reportage pour *L'Obs*. Mais la décision finale reste en l'air, pour cause de susceptibilité des sujets du reportage, soit Alain Delon et BHL, qui tourne là-bas avec sa troupe. Disons que la situation est délicate. Delon veut et il ne veut pas, habitué qu'il est à son photographe personnel. Moi je veux, mais je ne veux pas si le photographe n'est pas Micheline, qui travaille pour l'agence Sygma.

En attendant que les choses se décident, je fouille mes armoires pour retrouver des vêtements légers et décommande mes rendez-vous de la semaine. Ça me plairait bien, ce petit voyage, histoire de mettre un peu le nez dehors.

Plus sérieux : l'embargo est partiellement levé en Irak, où la situation sanitaire et alimentaire est catastrophique. Saddam Hussein en est entièrement responsable. Mais il est humainement impossible de laisser une telle situation se poursuivre…

Il semble, cependant, que cette demi-mesure, qui permettra à Saddam Hussein de vendre une partie de son pétrole, sera bien insuffisante.

Mercredi 22 mai

Le Mexique, c'est fichu. Personne n'a cédé. Il n'y aura pas de photographe du tout. Triste. J'étais déjà partie dans ma tête. Et c'était plaisant. « Qu'est-ce qui vous empêche de prendre une semaine de vacances ? » me dit-on. Je n'aime pas les vacances. Paradoxalement, elles me fatiguent...

J'aime partir avec un objectif professionnel qui donne du sens à mon voyage. Bon, ce sera pour une autre fois.

J'ai trois messieurs à déjeuner qui agitent des problèmes graves. Toujours les mêmes : la monnaie unique, le déficit des finances publiques, les taux d'intérêt, le chômage persistant, la puissance croissante du Sud-Est asiatique, la morosité française, etc.

Ce n'est pas ennuyeux, loin de là, mais à la fin on se lasse de ces spéculations intellectuelles qui se mordent la queue sans apporter véritablement de lumière sur la politique qu'il faudrait conduire. Je dis, comme une boutade : « Le pouvoir n'a plus de pouvoir. » A ma surprise, mes trois messieurs souscrivent à cette formule. Serait-elle juste ?

Jeudi 23 mai

Les sept moines trappistes enlevés il y a quelques semaines en Algérie ont été égorgés. Un communiqué du GIA a authentifié l'annonce. L'organisation terroriste voulait en faire une monnaie d'échange avec des prisonniers islamistes. La France n'a pas cédé, évidemment. Comment ont-ils pu croire que ce chantage réussirait ? Ces hommes de Dieu, inoffensifs entre tous, sacrifiés de cette façon horrible à la barbarie, chacun sent bien que c'est, une fois de plus, insupportable. Mais que faire ?

On se déchire, à propos de la Corse, au Parlement, et de vilaine façon. Il faut dire que la situation y est plus confuse et plus sanglante que jamais. La politique de J.-L. Debré ne porte que des fruits pourris. Mais quel gouvernement a jamais réussi à faire régner l'ordre en Corse ? Ce sont de petites minorités, même pas de petits groupes armés jusqu'aux dents, qui mettent le bordel sous couvert de nationalisme…

Raymond Barre s'est écrié : « Si les Corses veulent leur indépendance, qu'ils la prennent ! » Il a fait scandale. Mais ce qu'il a dit, beaucoup le pensent. C'est une parole dangereuse, cependant, tombant comme de l'huile sur le feu. Selon Jean-Marie Colombani, directeur du *Monde* et corse lui-même, le pays est sur le fil du rasoir, au bord de la guerre civile.

Dimanche 26 mai

Le glas sonne aujourd'hui dans les 40 000 églises de France, à la mémoire des sept moines assassinés. Une réelle émotion règne en même temps que se lève une polémique. Selon l'un de leurs frères, les moines auraient reçu un émissaire français des services secrets. Il y aurait eu des contacts entre les services secrets français et les terroristes algériens. Fureur des Algériens, qui se sentent blousés. Démentis offensés du côté français. L'affaire n'est pas claire.

Le Mexique rebondit. En principe, départ jeudi. Chic ! Je vais refaire un peu de journalisme de base dans un pays que j'aime !

Une belle, blonde et ronde Espagnole, Cristina Sanchez, est entrée hier dans la légende en habit de lumière, aux arènes de Nîmes, emportant deux oreilles, une à chacun de ses adversaires. Elle est la première à pénétrer, en Europe, dans le club très fermé des toreros.

L'avouerai-je ? Les courses de taureaux me font horreur – que les aficionados me pardonnent. Les écologistes sont bien mous de ce côté-là, bizarrement. Mais enfin, dès lors que ce spectacle existe, on est bien content qu'une jolie jeune femme y fasse un pied de nez à tous les machos du monde.

Mardi 28 mai

Manifestation œcuménique sur l'esplanade du Trocadéro en hommage aux moines trappistes. Il y a du monde. Pas beaucoup de monde, mais du monde. Gauche et droite sont également représentées. On jette des fleurs blanches sur une dalle. On observe une minute de silence.

Tout cela, qui devrait être émouvant, ne l'est pas parce que le lieu ne s'y prête pas. Il est trop vaste, ouvert, sans âme… Mais enfin, il fallait y aller.

Mercredi 29 mai

Cette fois, ça y est : le service militaire est mort. Jacques Chirac l'a tué. Il l'a annoncé hier soir, non sans solennité. On le remplacera par huit jours d'initiation pour tous. Puis seront volontaires ceux qui voudront, formant donc l'armée de métier. C'est du moins ce que j'ai compris. Je pense à celui de mes petits-fils qui va être épargné et je suis contente pour lui. Mais à part cette réaction égoïste, je n'arrive pas à me faire une opinion sur le bien-fondé de ce bouleversement. Et, à vrai dire, j'y renonce. Faut-il avoir des opinions sur tout ?

Jeudi 30 mai

Départ pour le Mexique. Air France a installé de nouveaux sièges sur lesquels on peut s'allonger, flanqués chacun d'une petite télévision. C'est Capoue.

Quand nous arrivons à Cuernavaca, après huit heures d'avion et deux heures de route, il est cinq heures de moins qu'à Paris.

Nous bondissons aussitôt sur le lieu du tournage pour subir l'un de ces orages mexicains qui ressemblent, tant la pluie est épaisse, à un orage de cinéma. Elle se calme et voilà maintenant Alain Delon qui viole sa femme, ou du moins la jeune dame qui l'interprète… Diable ! Dans quel film suis-je tombée ? Mais il est superbe, Delon, dans cet exercice. Quand il en a fini, il est minuit, soit 5 heures du matin pour moi… Voilà une bonne journée. Mais l'expérience m'a enseigné que, lorsqu'on se trouve en décalage horaire, il faut surtout ne pas y penser mais se mettre moralement à l'heure locale. Sinon, on est deux fois plus fatigué.

Vendredi 31 mai

Longue conversation avec Delon, tout heureux parce qu'il vient d'acheter deux sculptures à un artiste qui porte le doux nom de Victorhugo Castaneda.

Il est charmant, détendu, très beau sous ses cheveux gris, visiblement heureux d'avoir tourné ce film intitulé *Le Jour et la Nuit*, bien que le metteur en scène, BHL, soit un débutant.

« Je suis un inconditionnel de Bernard-Henri Lévy », me dit-il. Eh bien ! En voilà un éloge de la part d'un acteur qui n'en est pas prodigue avec ses metteurs en scène ! Il a la réputation de vivre dans la nostalgie des « grands » qui l'ont dirigé, Visconti, Losey, René Clément, Melville, et de casser impitoyablement les moins grands qui prétendent exercer sur lui leur autorité. Je crois que c'est faux. Qu'il recherche au contraire l'autorité, mais à condition qu'elle lui paraisse fondée.

Toujours est-il qu'ici, après un premier affrontement qui a été dur, BHL l'a ensorcelé. Je lui pose quelques questions pointues, il les accepte, tout doux.

Puis je passe à Lauren Bacall. Un autre genre de monstre. Le visage meurtri, et en souffrant, mais très belle encore avec son regard clair, implacable. Elle est intelligente, drôle, parle d'elle en disant : « Je suis folle d'avoir accepté de tourner en français, avec ces Français qui parlent si vite. Mais toute ma vie j'ai fait des folies. » Puis : « Qu'est-ce que vous pensez de la situation en Israël ? » C'est la seule actrice, à ma connaissance, capable de poser cette question au cours d'une interview à propos d'un film. Lauren Bacall n'est pas n'importe qui.

Quand elle tourne, elle jette un regard, elle fait un geste économe, et elle est, d'un coup, son personnage... Une fameuse actrice, magique. Après tant d'années, le fantôme de Humphrey Bogart rôde encore autour d'elle.

JUIN

Samedi 1er juin

Mexique encore. Village de Tetozlan, qui porte encore les marques d'un affrontement avec l'armée régulière. Tetozlan s'est révolté parce qu'un groupe immobilier voulait y construire un golf, annexant ainsi des terres.

Ç'a été le détonateur d'une situation plus générale. Tetozlan est l'un des villages acquis au sous-commandant Marcos, le chef des révolutionnaires, caché dans la jungle.

« Un chef charismatique, me dit la journaliste la plus célèbre du Mexique. Je suis entièrement avec lui. – Que veut-il ? Le pouvoir ? – Non. Il veut plus de justice. Il veut une meilleure répartition des terres. Il veut plus de considération pour les gens. Il est irrésistible, je vous dis. »

Les femmes, surtout, lui sont acquises. On raconte que les belles Mexicaines exigent maintenant de leurs époux qu'ils s'affublent, comme lui, d'une cagoule quand ils sollicitent leur étreinte. *Se non e vero…*

Difficile, sinon impossible, d'apprécier les forces de Marcos. Mais il faut toujours se souvenir qu'en Amérique latine les révolutions ont été faites par une poignée d'hommes en armes, pas davantage.

Mardi 4 juin

Glané de quoi faire un article. Il faut partir. Je m'arrache à regret au Mexique et à ses sortilèges. Pas eu le temps d'aller revoir le Musée archéologique de Mexico qui est l'une des sept merveilles du monde.

Vendredi 7 juin

Réunion des représentants chez Fayard, à qui je dois présenter *Cosima la Sublime*, qui sortira en octobre. J'ai l'habitude de cet exercice mais, après une nuit de vol et un décalage horaire de sept heures, je l'ai déjà fait avec plus de verve ! De la brume plein la tête, je plonge dans les journaux qu'on m'a mis de côté. En vrac :

– Elkabbach a démissionné. Bon. Il n'était que temps…

– Le Premier ministre annonce une réforme fiscale : attendons de la voir pour y croire.

– Vache folle : les Anglais s'entêtent et la France cède, alors qu'un nouveau rapport d'experts français est alarmant. Le PS prend le mors aux dents.

– Jean Tiberi, maire de Paris, est accusé d'avoir financé 1,5 million de travaux dans l'appartement de son fils, avec l'argent de la princesse. Ce trop bon père pourrait être sérieusement inquiété.

– Dix femmes anciens ministres ont lancé un manifeste pour la parité. Bonne initiative, même si cette histoire de parité chatouille quelque part… Y aura-t-il ensuite une exigence analogue de la part des Bretons ? Des Savoyards ? Si l'on révise la Constitution pour faire entrer la parité dans le droit, il faudra dire clairement qu'il s'agit là d'une exception temporaire, jusqu'à ce que l'égalité soit effective.

Samedi 8 juin

Vu, jeudi soir, le Sidaction. Désastreux. D'un côté, l'émotion, l'attendrissement, l'appel réussi aux bons sentiments. De l'autre, l'intervention furibonde du représentant d'Act Up, juste sur le fond – il s'insurgeait contre l'expulsion des étrangers atteints du sida –, mais formulée avec une violence inouïe – « La France est un pays de merde ». S'y mêlaient des considérations sur le mépris où l'on tiendrait les homosexuels : « Il n'y a que 600 enfants atteints et c'est d'eux qu'on parle alors qu'il y a 30 000 pédés ! » Bref, de quoi hérisser ce public auquel on demandait son bon argent.

Sauf erreur, la recette de la soirée a été moitié moins importante que celle du précédent Sidaction. C'était inévitable.

La finale dames à Roland-Garros : du beau tennis, même pour les plus exigeants, ceux qui continuent à prendre l'air lassé quand on leur parle de tennis féminin.

Steffi Graf, au mieux de sa forme, a arraché la victoire à la jeune Espagnole Arantxa Sanchez, qui ressemble à un petit taureau.

Dimanche 9 juin

Victoire superbe du jeune prodige russe Kafelnikov, 22 ans, sur l'Allemand Michael Stich en finale de Roland-Garros.

Un match émouvant tant Stitch, à bout de forces, s'est défoncé pour essayer de garder une avance qui s'est effilochée. Il y a toujours quelque chose de beau dans cette façon de se donner jusqu'à la garde... C'est la première fois qu'un Russe gagne un tournoi du Grand Chelem.

Lundi 10 juin

Fini mon papier sur le Mexique. Fini un autre papier pour *L'Obs* sur le défilé des homosexuels qui se prépare.

Parce qu'il fait très chaud, envie d'aller m'acheter une robe, ce qui ne m'est pas arrivé depuis longtemps. Qu'ai-je fait là ! Je procède à des essayages devant une immense glace à trois faces et que vois-je ? Un tube. De profil, je suis devenue un tube, informe. Je le savais plus ou moins, mais mon reflet, là, m'agresse durement...

Je n'ai plus envie de la robe. Je n'ai plus envie de rien, sinon de me fourrer la tête sous l'oreiller.

Il est désormais interdit de situer J.-M. Le Pen à l'extrême droite sans s'exposer à un « droit de réponse de sa part ». Ainsi en a décidé le tribunal de Nanterre, qui a condamné *Le Monde* à la publication de l'un de ces droits de réponse où il développe sa propagande.

Il renie l'extrême droite.

Où va-t-on le mettre alors ? Peut-être en enfer, tout simplement, comme à la marelle.

Mardi 11 juin

Déjeuné avec Christine Ockrent, qui a récupéré. Elle a bonne mine, elle est belle, elle me fait plaisir. Plus trace du choc qu'elle a reçu en se faisant expulser de *L'Express*, même si elle y est encore sensible. Mais la baisse de diffusion de *L'Express*, qui a reperdu ce qu'elle lui avait fait gagner, lui est évidemment douce au cœur.

La bataille est dure sur le front des journaux.

Dans le petit monde de la presse, la nouvelle formule de *VSD*, racheté par le groupe que dirige un Allemand astucieux, Axel Ganz, fait parler. Il réussit tout ce qu'il touche. Réussira-t-il, pour commencer, à déstabiliser *Match*, avec lequel *VSD* va se trouver en concurrence directe ? La guerre est déclarée.

Hier soir, *Norma*, de Bellini, à l'Opéra. Suis un peu déçue. Bel canto plus bel canto, il y a des fanatiques. A mes oreilles c'est monotone, outre que l'interprète de Norma avait une voix métallique sans vrai charme. On ne se défait jamais du souvenir de ces grands rôles chantés par la Callas… Elle emportait tout. Mais les aficionados avaient l'air ravis de leur soirée.

Mercredi 12 juin

Sinistre histoire à Toulon. La tombe d'une femme a été profanée, son corps exhumé, un christ planté dans sa poitrine. Les autorités, lepénistes, de la ville ont d'abord déclaré qu'il s'agissait d'un acte « anti-chrétien ». Et qui est anti-chrétien ? Suivez mon regard.

Or les malfaiteurs ont été retrouvés et arrêtés. Il s'agit de quatre jeunes gens, deux garçons et deux filles, issus de familles ordinaires, lycéens sans histoires, non drogués, agissant « en hommage à Satan ». Anti-chrétiens donc, en effet, mais pas comme on le pensait. Ressassant leur « haine des chrétiens, des juifs et des musulmans, qui ne sont que des bœufs à détruire ».

On ne sait pas encore s'ils sont affiliés à une secte. L'adoration de Satan n'est pas, en tout cas, leur privilège.

L'Église a perdu son autorité, le parti communiste a perdu la sienne… Normal que sur ce terrain décomposé fleurissent tous les dévergondages de l'esprit. Normal, mais déprimant.

Jeudi 13 juin

Vu hier soir le dernier spectacle de Pina Bausch, au titre bizarre, *Danzon*. La chorégraphe, qui avait déçu l'année dernière, a retrouvé toute sa force créatrice, son imagination, son audace. Ce qu'elle propose cette fois est très bon, vif, neuf, drôle, dramatique, émouvant… Elle apparaît brièvement au milieu de poissons géants qui traversent l'écran immense, et elle est sublime. C'est une fameuse bonne femme que cette Allemande inspirée.

Vendredi 14 juin

Déjeuné avec Claude Durand. Nous échangeons quelques propos inquiets sur l'état de la civilisation, pour nous confier que nous n'avons pas tellement envie de voir à quoi ressemblera le XXIe siècle. Question d'âge ? Non. Il est beaucoup plus jeune que moi.

Sans doute toutes les époques ont-elles du mal à accoucher de la suivante sans dégâts et nous en apercevons-nous davantage parce que les choses vont très vite, plus vite que par le passé. Mais nous ne voyons rien, dans ce qui vient, qui soit de nature à exciter l'appétit.

Mauvaise disposition d'esprit alors que, en vérité, nous ne savons rien évidemment de l'avenir. Et s'il nous faisait la farce d'être radieux ?

Samedi 15 juin

Grande première en Russie : pour la première fois dans leur histoire, les Russes vont désigner eux-mêmes leur chef d'État.

C'est peu de dire qu'ils n'ont pas l'habitude.

Dix candidats sont en lice. En tête, Boris Eltsine et, le suivant de près selon des sondages dont on ne sait s'ils sont fiables, le communiste Ziouganov.

A lire les observateurs sur place, aucun pronostic sérieux ne peut être fait quant aux résultats. On raconte à

Moscou que si les Russes se font battre par les Allemands ce soir dans le cadre de l'Euro 96, 1 million de voix peuvent déserter Eltsine, de rage contre lui.

Une bonne nouvelle : les actions du candidat nationaliste d'extrême droite Jirinovski sont en baisse.

Elle enfle, elle enfle… Où va s'arrêter l'affaire des vaches folles ? Du côté des éleveurs et des bouchers, c'est un véritable « cataclysme national », selon les termes du ministre de l'Agriculture. Du côté des consommateurs, c'est le désarroi. Peut-on, oui ou non, manger du bœuf, et même du porc, et même du poulet nourris à la farine industrielle sans danger ? Rien ne paraît moins sûr à travers les diverses déclarations d'experts. D'ailleurs, on ne peut s'empêcher d'en être dégoûté.

Du côté de John Major, arc-bouté sur des positions défensives intenables, c'est la débâcle. Il a cru redresser sa popularité en déclin en défendant ses vaches, mais apparemment le public anglais ne suit pas.

Toute cette affaire est terrifiante. Par ses effets possibles sur la santé publique, par ce qu'elle révèle de négligences de tous les côtés – les premiers coupables étant les Anglais. Pour couronner le tout, des chercheurs français viennent d'apporter la preuve que le macaque – c'est-à-dire l'homme – peut être contaminé par le fameux prion propre à la vache folle.

Branle-bas dans les chaînes.

Sur France 2, c'est la grande lessive et la nomination, à la direction de l'antenne, d'un professionnel confirmé :

J.-P. Cottet. Sur la Une, Gérard Carreyrou est écarté de la direction de l'information au profit de Robert Namias. Et Christophe Dechavanne tire sa révérence. Sur Canal +, deux sur trois des Guignols s'en vont, et ce pourrait être une grande perte…

Mais de tout cela, on ne verra l'effet qu'à la rentrée.

Dimanche 16 juin

Dîné avec Jean Peyrelevade, toujours englouti dans son Crédit lyonnais. Quels nerfs il a ! Comme nous faisons une revue d'ensemble de la situation, des erreurs de celui-ci, des chances de celui-là, de l'avenir qui s'annonce, il dit quelque chose qui me frappe : « Il n'est pas impossible que la croissance reprenne un peu et qu'en 1997 on fasse 3 ou 3,5 d'expansion. Si c'est le cas, on résorbera 200 000 à 250 000 chômeurs par an. Et le pays restera morne, triste, mais calme. A deux ans, c'est le pronostic que l'on peut faire. » Un pronostic qui va contre tout ce que l'on entend.

Lundi 17 juin

Un de mes amis, grande famille protestante mais fauché comme les blés, a eu l'élégance de reconnaître dans ces circonstances compliquées un enfant qui n'était pas de lui. Il a eu aussi la candeur d'en informer son père. Le vieillard, richissime et furieux, a aussitôt pris ses dispositions pour le déshériter. Il disperse tous ses biens, y compris le château familial. Il ne sera pas dit qu'un enfant de sang impur en sera le seigneur. Mauriac n'aurait pas mieux inventé.

Mardi 18 juin

Laurent Joffrin quitte la rédaction de *L'Obs* pour diriger celle de *Libération*. Dans l'état où est ce journal je ne suis pas sûre qu'il ait raison, mais c'est toujours un défi séduisant de redresser un titre à la dérive. Sa succession à *L'Obs* sera donc ouverte. C'est peu de dire qu'elle est convoitée.

Le journal est en tête des titres de sa catégorie. C'est à la fois un avantage et un handicap : comment changer, sans faire hurler, quelque chose à ce qui marche ? Et pourtant, un journal est un corps vivant qui doit sans cesse évoluer, aujourd'hui surtout. Les patrons de *L'Obs*, Claude Perdriel et Jean Daniel, en sont bien conscients. Il leur reste à trouver l'homme ou la femme capables de conduire l'évolution sans trop de douleurs internes.

Mercredi 19 juin

Dîné hier, après la réunion du COMETS, avec quelques-uns des membres du groupe. Nous parlons de la vache folle. Ils échangent des propos techniques qui me dépassent puis l'un d'eux, généticien, dit : « Certains prédisent une immense catastrophe. – Ah bon ! Pour quand ? – C'est très simple : quand tous les Anglais seront morts, nous saurons que nous en avons encore pour dix ans. » On se sent tout de suite réconforté.

Est-ce ce qu'on appelle le « millénarisme » ? La perspective d'une catastrophe au niveau cosmique, touchant toute l'humanité, du type sida mais encore multipliée, va son chemin dans les esprits. Il ne nous manquait plus que ça !

Les hasards de la conversation nous conduisent à parler de la guerre. Georges Balandier, l'anthropologue, raconte un épisode de la Résistance auquel il fut mêlé, puis c'est le tour d'Hélène Ahrweiler, puis le mien... Nous voilà soudain comme des anciens combattants, et riant de nous-mêmes...

Allons ! Nous avons survécu à la Gestapo, nous survivrons à la vache folle. Mais les plus jeunes ? Les enfants qui fréquentent les cantines ? C'est pour eux que cette menace est affolante...

Boris Eltsine s'est acheté un général, le général Lebed, qui a récolté 15 % de voix au premier tour des élections. Nommé chef de la Sécurité, poste où il aura un pouvoir colossal, il s'est rallié. Si ses voix le suivent, l'élection d'Eltsine est assurée. Mais il n'a pas l'air commode, ce général qui s'est opposé aux opérations en Tchétchénie. Ce n'est pas un militaire d'opérette et certains se demandent déjà si, selon l'expression russe, Eltsine n'a pas « laissé le bouc entrer dans le potager ».

Déjeuner privé avec F.-O. Giesbert, quelqu'un que j'aime beaucoup, avec sa pointe de cynisme et sa vraie générosité. Il est merveilleusement intelligent, toujours calme, ne brassant pas d'air, ne se donnant jamais cette fausse importance qu'affectent tous ceux qui ont une position à Paris – et la sienne, directeur de la rédaction du *Figaro*, n'est pas nulle.

Son rêve à échéance de quatre ou cinq ans : se consacrer à l'écriture de ses livres et publier alternativement un roman, un essai. Il le dit sincèrement. Mais on ne sort pas facilement du chaudron de la presse quand on l'a fait bouillir. Il me dit : « Vous, vous êtes contente de vivre en écrivant, non ? » Oui, mais moi je ne suis plus jeune. J'ai passé le temps des luttes. Maintenant je peux me contenter d'observer... Lui... il a 45, 46 ans. Sous son air doux, sûr qu'il y a encore un battant.

Dimanche 23 juin

Une série de corvées m'a dévoré quarante-huit heures.

Vendredi soir, récompense : fête de la Musique chez les Orban. En fait, il n'y a pas de musique, mais beaucoup de beau monde.

Je fais la connaissance d'une jeune femme que toute la ville dénigre parce qu'elle est richissime et qu'elle a un bel amant. C'est trop. Je la trouve sympathique et charmante. L'envie est un vilain défaut.

Un ami lointain que je n'ai pas vu depuis longtemps vient me faire un brin de cour. Il m'attendrit, comme toujours les hommes grands, bruns, maigres, beaux, avec l'air un peu voyou. Il y a trente ans, il m'aurait bien plu. « Ô toi que j'eusse aimé, ô toi qui le savais. » Mais ainsi va la vie. Il est devenu le plus féroce des banquiers.

Samedi soir, c'était encore la fête de la Musique, mais chez les Bidegain. Chez eux, on chante, et c'est tous les ans un plaisir que cette fête-là… Il y a là les fidèles, plus quelques pièces rapportées : Michel Rocard, Françoise Sagan… J'ai essayé en vain de faire chanter Rocard.

Aujourd'hui, c'était la Gay Pride, le défilé de la fierté homosexuelle, dans Paris. Environ 50 000 personnes, qui ont obtenu un franc succès. C'était joyeux et bon enfant. Revendication : le contrat d'union sociale, qui régulariserait, en quelque sorte, la situation des couples d'homosexuels. Il n'est pas impossible qu'il soit un jour adopté par l'Assemblée.

Lundi 24 juin

Trois nouveaux suicides de policiers en six mois. Il y en a eu soixante-deux en 1995. La nature de leur désespoir est diverse, semble-t-il, qui est parfois lié à leur métier, mais parfois non. D'où leur vient donc cette fragilité ? Il y a quelque chose de troublant dans cette épidémie.

Mardi 25 juin

Grande rétrospective Francis Bacon à Beaubourg. La première à Paris depuis vingt-cinq ans.

C'est écrasant.

Devant ces quartiers de chair découpés, rouges, orange, noirs, ces charognes éclaboussées de sang, ces couples enlacés dans la torture, ces triptyques aux corps désossés, une idée s'impose : voilà la peinture de notre temps. C'est la chronique de l'humanité en ce siècle qui est là, effrayante et monstrueuse. Bacon disait que sa peinture visait directement à toucher le système nerveux. C'est peu de dire qu'il y parvient. Pas de lyrisme ici, pas de rêve. A la fin du parcours de l'exposition, on suffoque, ébloui et saturé. Bacon – un homosexuel anglais alcoolique – était de surcroît souverain par son intelligence, sa culture, son humour, pleinement conscient de sa valeur, mais hors de toute chapelle et aussi de toute vanité. On pouvait bavarder deux heures avec lui sans qu'il parle de lui.

Il a tracé seul son chemin de feu à travers cinquante ans de peinture. Aujourd'hui, il est mort et une exposition comme celle-ci fait éclater la force et la cohérence de son œuvre.

Dans la foule qui se pressait à l'ouverture, autour de Jacques Chirac, une dame s'écria : « Moi, je ne mettrais pas ça dans ma chambre à coucher… » Cela ne risque pas de lui arriver. Les toiles de Francis Bacon sont, depuis longtemps, parmi les plus chères du monde.

Mercredi 26 juin

Grâce à un technicien français de cinéma, qui l'a prise en pitié, Maria Inan Oufkir a réussi à s'enfuir du Maroc où sa famille reste persécutée malgré une « libération officielle » après vingt ans de détention. Représailles d'Hassan II après le complot et le présumé « suicide » du général Oufkir, son plus proche compagnon.

Devenus grands, plusieurs des six enfants avaient fait des tentatives d'évasion, mais sans succès. Maria est partie avec son fils adoptif, âgé de 4 ans, et une cousine de sa mère. Les autorités espagnoles lui ont laissé le passage libre. On attend de voir ce que va faire la France, à laquelle la fille du général Oufkir demande le droit d'asile… Et on n'ose croire que celui-ci lui sera refusé.

Un fait divers exceptionnel retient ces jours-ci l'attention. Un homme, Jean-Claude Romand, a réussi à passer pendant près de vingt ans pour un médecin aux yeux de ses parents, de sa femme – pharmacienne –, de ses amis. Un échec à ses examens dissimulé, et l'engrenage du mensonge a commencé. Il se donnait pour chercheur à l'OMS. Que faisait-il toute la journée ? Rien. Il traînait en voiture. Des imprudences financières l'ont mis en situation d'être démasqué. Il a préféré tuer ses parents, sa femme et ses deux enfants plutôt que de perdre la face devant eux.

Le cheminement psychologique de cet homme que chacun s'accordait à trouver doux et gentil, devenu prisonnier de ses propres mensonges et incapable d'assumer sa vérité, est compréhensible. Un suicide eût été intelligible. Mais qu'il aille jusqu'au meurtre passe l'entendement.

Affreuse histoire…

Atroces, les témoignages qui constituent l'acte d'accusation du tribunal de La Haye contre Mladic et Karadzic, s'agissant des massacres de Srebrenica. Mais, pour le moment, ces messieurs sont bien au chaud.

Malappris, J.-M. Le Pen accusant les joueurs de l'équipe de France de football de ne pas savoir *La Marseillaise*, et d'ailleurs de n'être pas français. Faux : ils le sont tous, même s'ils sont parfois d'un beau noir. C'est ce qu'on appelle manquer l'occasion de se taire.

Jeudi 27 juin

Triste fin pour la France dans l'Euro 96. Il faut dire qu'elle était privée de ses meilleurs éléments. Contre les Tchèques, elle a à peine joué – les Tchèques aussi d'ailleurs. Match terne, donc, achevé par des tirs au but, cette frustrante loterie inventée pour départager des adversaires à égalité.

Angleterre-Allemagne, en revanche, ce fut du beau jeu, où les Allemands, bien que handicapés eux aussi par l'absence de leurs meilleurs joueurs, ont arraché la victoire par un tir au but. Bien fait pour les Anglais, qui sont furieux tant ils étaient sûrs d'eux. Selon le vieil adage, quand les Allemands jouent bien, ils remportent la coupe, quand ils jouent mal, ils vont en finale.

La finale se jouera donc entre Tchèques et Allemands. Compte tenu de la glorieuse incertitude du sport, il faut se garder de pronostiquer. Mais ce serait miracle que les Allemands n'achèvent pas le tournoi champions d'Europe. Une fois de plus.

Cette période de football intensif aura été bien agréable pour les amateurs. Maintenant, c'est le Tour de France qui va commencer, puis les Jeux olympiques d'Atlanta…

De quoi distraire un peu les esprits chagrins d'une mauvaise humeur qui ne cesse de gronder.

Vendredi 28 juin

Entrepris, en prévision de ma disparition plus ou moins prochaine, de trier mes papiers. Il y en a tant et tant, accumulés depuis des années, que je suis d'abord découragée. Mais je ne veux pas qu'après moi un biographe fureteur puisse tomber sur ces dizaines de lettres, ces monceaux de dossiers et en faire son miel… Alors je jette. Des cartons entiers y passent, des lettres qui m'ont été précieuses parce qu'elles disaient l'amitié, parfois l'amour… Mais on ne retient pas la vie qui s'en va.

Un classeur plein me nargue. Vais-je m'attaquer à lui ? J'indique seulement à Caroline que ce qu'il contient est à détruire. J'ai confiance en elle, je sais qu'elle le fera. Et voilà trois cartons de photos. Là, je cale… Déchirer des photos, c'est un geste impie… D'autres le feront pour moi quand je n'y serai plus pour voir.

C'est fini. Le passé est balayé, je me sens plus légère.

Titre drôle de *Libération* ce matin : « Juppé prive Chirac de tête de veau. » Mais le fond n'est pas drôle : la cervelle et la moelle épinière des ruminants sont interdites à la consommation. Sur recommandation des experts français.

Dimanche 30 juin

Les Allemands ont gagné, comme de bien entendu, mais la finale a été superbe d'un bout à l'autre.

Le Tour de France ne me donne pas les mêmes joies même s'il y a dans le pur effort physique poussé au plus haut quelque chose de littéralement émouvant. Mais ce qui est superbe, dans les retransmissions du Tour de France, c'est la France. Les paysages, veux-je dire, filmés d'hélicoptère. Harmonie, douceur, végétation… Qu'il est donc beau le vieux pays !

La police judiciaire a refusé de prêter son concours au juge Halphen pour procéder à une perquisition chez Jean Tiberi, maire de Paris, relative à une grosse histoire de fausses factures. Défection pour le moins inhabituelle. Là-dessus, on annonce que le parquet a classé sans suite le dossier concernant l'appartement du fils Tiberi, qui aurait été aménagé aux frais de la princesse. Allons, il est bien protégé, M. Tiberi. Mais qui osera encore prononcer la phrase rituelle : « J'ai confiance en la justice de mon pays » ?

JUILLET

Lundi 1er juillet

L'affaire Tiberi prend des proportions que l'on pouvait prévoir. De tous côtés, y compris dans la majorité, on s'émeut de l'attitude du directeur de la police judiciaire. Les magistrats sont offensés, des plaintes sont déposées, des demandes d'explications exigées, Jacques Toubon se défend – mal – d'avoir les mains sales…

Indépendante, la justice ? Évidemment non. Mais de quoi ont-ils si peur pour que tout soit mis en œuvre afin de la paralyser dans cette affaire ? Que craint-on de voir découvrir ? Qui craint-on de voir atteint par de nouvelles investigations ? C'est la question que l'on est obligé de se poser.

Lu un très joli livre de Jean-Paul Enthoven, *Les Enfants de Saturne*, galerie de portraits apparemment disparates, que relie seulement la mémoire de l'auteur. Ce sont les douze personnages qui l'ont fait ce qu'il est, écrit-il. Douze personnages qui vont du prince de Ligne à Scott Fitzgerald en passant par Drieu La Rochelle, Brummell,

Stendhal, Benjamin Constant, Romain Gary… Façon de tracer, à la fin, son propre portrait.

Enthoven ne s'était jamais décidé à écrire alors qu'il est si manifestement doué. Quelque chose l'a mystérieusement contraint à toujours différer. Voilà tranché le nœud qui étranglait sa plume.

Mercredi 3 juillet

Déjeuné avec Teresa Cremisi, secrétaire générale de Gallimard, qui rentre de la Foire aux livres de Chicago. Ce qu'elle raconte sur le système d'édition et de diffusion américain est inquiétant. Avant de décider du premier tirage d'un livre, les éditeurs convoquent maintenant les libraires et leur demandent leur avis. Ce sont eux qui fixent, en quelque sorte, la demande. Arrivent toujours en tête de leurs choix les livres sur le sexe ou comment se faire des amis. Comme ils sont intégrés à de grandes chaînes de distribution qui tiennent tout le marché, cela signifie la disparition progressive de toute une catégorie d'ouvrages que l'on ne verra plus dans les librairies américaines.

Nous n'en sommes pas là, mais ce qui arrive aux États-Unis menace toujours d'arriver en France, plus ou moins édulcoré.

Alain Juppé s'est invité à la télévision pour dire qu'il gouverne bien et qu'on s'en apercevra si on laisse le temps à ses réformes de porter leurs fruits. D'ailleurs, tout ne va pas si mal qu'on le dit.

Ses interlocuteurs, trois journalistes, l'écoutaient, submergés par un flot de paroles qu'ils ne pouvaient interrompre.

Malheureusement, pour une raison ou pour une autre, quand Juppé parle, ça ne « prend » pas. Ce n'est pas le talent qui lui manque. C'est la crédibilité.

Jeudi 4 juillet

Boris Eltsine est élu avec 54 % des voix. Est-il mourant, comme le bruit en court ? Simplement malade ? Très malade ? Souffrant d'une angine de poitrine ? En tout cas, il ne s'est trouvé que 40 % des électeurs pour voter communiste, ce qui est une bonne chose. Ce sont pour l'essentiel des personnes âgées qui regrettent le bon vieux temps où la vie était réglée d'en haut du berceau à la mort et qui enjolivent, comme toujours, le temps de leur jeunesse.

Maintenant, la bataille plus ou moins ouverte pour la succession va commencer…

L'audition publique des témoins à charge contre Karadzic et Mladic, devant le tribunal de La Haye, est hallucinante. La barbarie n'est pas nouvelle dans l'histoire mais qu'elle ait eu lieu si près, et de la part de gens présumés civilisés, la rend presque inconcevable. Un exemple : à Srebrenica, un soldat s'approche d'une femme et lui demande pourquoi son enfant pleure. Elle lui répond qu'il a faim. Alors le soldat égorge l'enfant en disant : « Il n'aura plus faim. »

Pendant ce temps, Karadzic coule des jours paisibles dans son fief de Pale, où des élections doivent avoir lieu prochainement. Il a tout de même renoncé à se présenter à ces élections.

Vendredi 5 juillet

Loïk Le Floch-Prigent, président de la SNCF, est incarcéré. Rien à voir avec les affaires de fausses factures et d'alimentation des caisses noires politiques qui forment le fond du tableau de la corruption. Le Floch-Prigent est accusé d'avoir dilapidé les deniers d'Elf Aquitaine, lorsqu'il en était président, au bénéfice de Maurice Bidermann, qu'il aurait ainsi renfloué à hauteur de 722 millions. S'en sont suivis divers chassés-croisés financiers suspects. En outre, Bidermann aurait octroyé à Le Floch-Prigent, ainsi qu'à l'ex-épouse de ce dernier, de confortables libéralités. Il est lui-même incarcéré depuis le mois de mai.

Tout cela tombe apparemment sous le coup de la loi. Mais les mœurs françaises sont étranges où l'on met les gens en prison avant qu'ils ne soient jugés et où la détention provisoire peut durer des mois pour se terminer, éventuellement, par un non-lieu. Où est la présomption d'innocence ?

Voici deux hommes déshonorés. On voudrait être sûr que cela était nécessaire au bon déroulement de l'instruction que mène Mme Éva Joly.

Le Floch-Prigent refuse de démissionner de la SNCF, où son remplacement sera pour le moins délicat.

« Bas les masques », l'émission de Mireille Dumas, est rayée de la grille de France 2. Il faut dire qu'elle était usée jusqu'à la corde. Dumas, qui fut longtemps encensée, a un talent, un public. Elle peut concevoir autre chose. Mais elle paie probablement pour les autres animateurs surpayés, comme elle, par J.-P. Elkabbach et qui collent aux doigts des dirigeants de France 2. On fait le ménage.

Samedi 6 juillet

Un singe est mort, à Montpellier, de la maladie de la vache folle. Il avait été acheté en Grande-Bretagne en 1986. Nourri normalement, des symptômes de la maladie sont apparus en 1991. Il est mort en 1992.

Première conclusion : si l'agent de la maladie peut être transmis au singe, il peut être transmis à l'homme. Elle reste à vérifier. Le laboratoire de Montpellier s'y emploie. En attendant, même s'il est trop tard pour prendre des précautions, cela vous fait passer le goût de la viande.

Mon petit-fils Nathanaël est reçu au bac avec mention. Maintenant, le moment est venu pour lui de bien choisir son orientation. Grandes études ou pas ? J'ai confiance en lui. Il est sérieux et d'une rare maturité. Mais traîner sur les bancs d'une fac dont tout l'objectif est de faire deux recalés sur trois en première année… Grisante perspective, pour un jeune homme.

Dimanche 7 juillet

Je me suis gobergée de cyclisme à la télévision avec le Tour de France et les émissions annexes. J'aime bien cette épopée annuelle, avec ses héros, ses tragédies, ses grimpeurs ailés, ses envolées lyriques. C'est le sport de la France profonde, celle qui ne joue ni au tennis ni au golf mais qui sait ce que pédaler veut dire… Et toujours une formidable leçon de courage.

Vu un joli film sur Raymond Poulidor, l'éternel second, qui ne gagna jamais le Tour, qui n'endossa même jamais le maillot jaune et qui fut cependant – ou à cause de cela – le plus populaire des coureurs français. On détestait Anquetil – qui gagnait –, on adorait Poupou, qui perdait.

Étrange perversion de l'esprit quand il s'agit d'une course.

Lundi 8 juillet

Une mauvaise nouvelle arrive d'Israël : Ariel Sharon, le sinistre général, entre au gouvernement à la tête d'un ministère stratégique. C'est lui qui a été jugé par la justice de son pays « indirectement responsable » du massacre de Sabra et Chatila, c'est l'ennemi le plus déterminé des Palestiniens, un faucon de la plus belle eau.

A supposer que le Premier ministre, affublé du nom ridicule de Bibi, n'en soit pas un, Sharon n'en fera qu'une bouchée. Mais que de dégâts se préparent…

Mercredi 10 juillet

Alain Carignon est condamné à cinq ans de prison dont quatre ferme. Il est retourné en prison. Motif : corruption. Bernard Tapie a perdu la capacité d'exercer une fonction élective pendant cinq ans. Ses affaires sont si compliquées, d'appel en appel et de cassation en cassation, qu'il est impossible de dire lequel de ses délits le conduira en prison s'il doit y aller. Mais il serait bien étonnant qu'il passe maintenant entre toutes les mailles du filet qu'il a lui-même tressé.

Carignon dedans et Tapie dehors... Il y a quelque chose qui choque dans ce parallèle. Ils ont l'un et l'autre bénéficié de protections qui leur ont permis pendant longtemps d'échapper aux poursuites. Ce temps est passé. La justice a frappé, rudement. On voudrait être sûr qu'il en sera de même en ce qui concerne le feuilleton des affaires judiciaires de Paris.

Grand remue-ménage dans la magistrature. Par le jeu des départs à la retraite, une série de postes sensibles et prestigieux sont à pourvoir en même temps. Apparemment, cela ne se passe pas sans difficulté, le président de la République ayant ses hommes à lui, et le Conseil supérieur de la magistrature contestant ses choix.

Quoi qu'il en soit, deux femmes – et non des moindres –, Myriam Ezratty et Jacqueline Cochard, qui assumaient de hautes fonctions, seront remplacées par des hommes. Où est le temps où Valéry Giscard d'Estaing imposait, par sa détermination, Simone Rozès comme présidente du tribunal de grande instance de Paris ? Ce fut une fameuse sensation. Cette fois, c'est une fameuse régression qui se prépare alors que chacun récite son couplet sur l'indispensable promotion des femmes. Mais personne ne semble s'en apercevoir.

Une bonne nouvelle arrive de Vancouver où se tient la XIe conférence sur le sida : en combinant trois médicaments, l'infection peut être contenue et maîtrisée pendant de longues années. Ce n'est pas encore la panacée ni le traitement définitif du sida. Mais c'est, semble-t-il, un progrès majeur, de nature à prolonger durablement la vie des personnes atteintes.

Jeudi 11 juillet

Un vent de catastrophisme souffle sur la France. Les sondages font état de résultats inquiétants pour le président de la République et le Premier ministre. Après les derniers chiffres concernant le chômage, la mauvaise humeur est à son comble. Il va de soi que les tentatives de mise au pas de la justice – dans l'affaire Tiberi – n'arrangent rien.

Il serait injuste, cependant, de nier que le gouvernement se démène sur plusieurs fronts, pour tenter d'accomplir des réformes de ceci et de cela. Mais les Français en perçoivent mal l'intérêt pour eux personnellement. En revanche, ils perçoivent très bien, trop bien, que la situation se dégrade encore davantage là où on leur avait promis des progrès. Et les parlementaires de la majorité commencent à s'affoler en pensant aux élections de 98.

Jacques Chirac est inquiet, dit-on. Il a de quoi. Tout se passe comme si la situation lui glissait entre les doigts.

M. Bompard, maire FN d'Orange, vient d'accomplir une action d'éclat. Il a interdit l'achat par la bibliothèque municipale de titres qui ne lui conviennent pas. Parmi eux, le *Montaigne* de Jean Lacouture, celui-ci étant coupable d'avoir pris position dans le conflit autour des Chorégies d'Orange. Sont également frappés une série d'ouvrages traitant du racisme, de la Seconde Guerre mondiale, des romans policiers, des contes de tous les pays, sans compter ceux dont le seul titre – *La Jeune Amante* – indispose le maire d'Orange.

Malheur, M. Bompard, à ceux qui brûlent les livres ! Cela ne leur a jamais réussi.

Déjeuné chez François-Marie Banier, ce petit prince de l'insolence, que je n'avais pas vu depuis longtemps. Toujours aussi aigu. Il prépare une exposition de ses photos à New York et s'est mis à dessiner. De grands dessins poétiques et gais qu'il vend comme des petits pains et qui le font vivre royalement.

Il a compris très jeune qu'il faut prendre l'argent où il se trouve, c'est-à-dire chez les riches, et qu'il n'est pas plus difficile de séduire une Very Important Person – une VIP – qu'un plombier. Au contraire. Les VIP s'ennuient, et dès lors qu'on sait les distraire… Il sait. Il a la grâce. Son tableau de chasse est foudroyant.

Dimanche 14 juillet

Je pars, épuisée, me réfugier à Saint-Paul. Agacée parce que je n'ai pas pu voir Chirac qui parlait alors que je volais. En arrivant, j'interroge quelques personnes : comment était-il ? Qu'a-t-il dit ? Réaction générale de gens plutôt bien disposés, cependant : rien, il n'a rien dit.

Ne plus y penser pendant quelques jours. Se vider la tête. La remplir de soleil et de toutes les merveilles qu'il y a à voir dans la région. Il sera toujours temps de se faire du mauvais sang quand l'été s'enfuira et que grondera l'automne.

Lundi 15 juillet

Plaisir de retrouver, à Saint-Paul, BHL et sa femme. Leur compagnie m'est douce. Il a installé dans une villa des environs un studio de montage et y passe douze heures par jour avec une sorte d'ivresse. Celle que donne toujours le montage d'un film, cette étape suprême où l'on peut encore faire, de son matériau, un autre film.

Visite rituelle à la Fondation Maeght, où est exposée Germaine Richier. C'est, simplement, magistral.

Comment l'œuvre de cette femme sculpteur n'a-t-elle pas été reconnue et célébrée plus tôt ? Reconnue, elle l'a été par les plus grands, mais dans une sorte de clandestinité. Dans ce cas précis, on peut dire, je crois, qu'on ne lui a pas pardonné d'être une femme. Les mêmes qui se sont extasiés – à juste titre – devant Giacometti ont été aveugles à Germaine Richier. Tant pis pour eux.

Remarque de Jean-Louis Prat, le directeur de la Fondation : « On ne peut pas aller plus loin en peinture. On est dans le mur. Peut-être que le rebondissement viendra de la sculpture. »

Jeudi 18 juillet

Mouillot, le maire de Cannes, est interpellé et incarcéré. Il aurait demandé, en tout cas reçu, un petit cadeau de 3 millions pour accorder une autorisation dans une affaire de machines à sous. De mieux en mieux.

Samedi 20 juillet

Dîné avec Jérôme Seydoux et l'éditeur Michel Delorme à la Colombe. Delorme a un catalogue prestigieux, Jacques Derrida en tête. Mais le prestige ne se vend pas. Comment vit-il ? Il fait de petits tirages, bien calculés, et il réussit à garder la tête hors de l'eau. C'est un héros de l'édition.

Je demande à Jérôme Seydoux si le cinéma l'amuse : « Je n'ai pas encore compris comment ça marche », dit-il en riant. Je n'en crois pas un mot. Mais il aime bien affecter la modestie que peut-être, après tout, il éprouve.

Épouvantable accident qui frappe un Boeing de la TWA sur la ligne New York-Paris : plus de 200 morts. Terrorisme ? Presque certainement. L'avion a été coupé en deux par une explosion.

Ouverture des JO à Atlanta. Une image émouvante : celle de Cassius Clay – ou Mohammed Ali, comme on voudra – allumant le feu olympique de sa main agitée par la maladie de Parkinson. Gloire et misère du corps…

Lundi 22 juillet

Je ne quitte plus la télévision, fascinée par le déroulement des Jeux. En continu, tel que le propose Canal +. Tout est beau, tout est amusant, tout est excitant, comme toujours dans une compétition. Il y a même des Français qui gagnent des médailles. Je me délecte. Difficile d'oublier que, dans le même temps, des hommes font la grève de la faim pour obtenir le droit d'avoir des « papiers ». Ils jouent leur vie. Ils sont déterminés à aller jusqu'au bout.

Dimanche 28 juillet

Une scène extraordinaire pendant les Jeux : le vieux lion anglais Lindford Christie est disqualifié dans le 100 mètres, l'épreuve royale, parce qu'il a fait deux faux départs. Mais il ne se résigne pas. Et après la course il fait un tour de stade où il se fait huer… L'homme le plus rapide du monde, Donovan Bailey, est noir, naturellement, canadien et noir. Mais qui n'est pas noir dans ces Jeux ? Quasiment pas un athlète.

Lundi 29 juillet

La profanation du cimetière de Carpentras, c'étaient bien des jeunes gens d'extrême droite. L'un d'eux s'est présenté spontanément à la police, trop lourd de son secret.

Grande tablée joyeuse autour de BHL, Jean-Paul Enthoven et leurs enfants, qui vont se marier. Ces enfants ont vingt ans, ils sont beaux, ils irradient l'amour, ils offrent un spectacle délicieux à voir. Discussion autour de la jeunesse. A quel âge cesse-t-on d'être jeune ? Je dis : « La jeunesse, la vraie, dure jusqu'à 25 ans. Après... » Hurlements de BHL et d'Enthoven : ils jurent qu'ils sont les mêmes qu'à 25 ans. Eh bien, messieurs, félicitations. Comme vous mentez bien !

Mardi 30 juillet

Une bonne formule de Marie-Jo Pérec, souveraine des Jeux : « Qu'est-ce que vous avez de plus que les autres ? – Les autres pensent : Je vais peut-être gagner. Moi je pense : Je vais gagner. »

Mercredi 31 juillet

Folle soirée, avec toute la bande plus les Decaux, où nous nous livrons à des exercices de lévitation. BHL et Enthoven n'y croient pas. Je suis moins définitive parce que j'ai assisté autrefois à une expérience troublante, mais de naturel sceptique, néanmoins, comme toujours devant l'irrationnel. Alors on entend la petite voix douce d'Arielle Dombasle qui dit : « Essayons, vous verrez bien… »

Elle installe l'un de nous sur une chaise, montre comment quatre personnes devront le soulever avec deux doigts chacun et demande le silence. Un instant de méditation. Elle dit : « Voilà… » Les quatre personnes glissent leurs deux doigts sous les genoux et les aisselles de celui qui doit léviter. Et le voici qui s'élève à un mètre cinquante ! C'est simplement ahurissant. Chacun veut léviter à son tour pour s'assurer qu'il n'y a pas de truc. Decaux répète : « Il y a un truc, ce n'est pas possible. »

Mais il faut se rendre à l'évidence : il n'y a pas de truc. Alors, qu'est-ce qu'il y a ? Une explication, certainement. Il y a toujours une explication. Mais laquelle ? Pour l'heure, les voltairiens de la bande sont ébahis.

AOÛT

Dimanche 4 août

Fin des JO. Dommage, on en aurait bien vu davantage. Le résultat final n'est pas mauvais pour les Français, malgré un effondrement inattendu au handball. Mais un joli garçon, Jean Galfione, avec une vraie tête de petit Français blanc, a sauvé l'honneur au saut à la perche. L'or lui va comme un gant.

Tout cela fut bien agréable.

Obsédée comme je le suis par la pensée de l'un de mes plus chers amis, gravement malade, il n'en fallait pas moins pour me divertir.

Jeudi 8 août

Il pleut. Le temps de la Côte n'est plus ce qu'il était. Je n'y ai jamais vu de pluie avant le 15 août. Aussitôt, ce pays devient laid.

Vendredi 9 août

Vu pour la quatrième fois l'exposition d'art africain organisée par les Nahon dans leur galerie de Vence. On peut la voir et la revoir à l'infini tant elle est riche, variée, impressionnante par la qualité des objets présentés. On a envie de tout, c'est simple. Je me laisse ensorceler par une petite terre cuite du Nigeria, irrésistible.

Samedi 10 août

Déjeuner agréable chez les David-Weill. Tout lustrés d'eau de mer et de soleil. Là, j'apprends que les beaux appartements parisiens ne se vendent plus parce que les « riches » préfèrent acheter à Londres. Question fiscale. « La France est asphyxiée par l'impôt », dit Michel David-Weill, et il en explique méthodiquement les conséquences. Je ne les imaginais pas si profondes.

Lundi 12 août

Je pars demain. Et les bagagistes de l'aéroport de Nice sont en grève. Bonne journée en perspective.

Mardi 13 août

J'ai fini par attraper un avion, sur une compagnie privée. Mais voyager par air est devenu un exploit harassant.

Mercredi 14 août

Je repars pour Bayreuth *via* Francfort. Là, c'est l'avion de la Lufthansa qui a quarante minutes de retard et manque de me faire rater la correspondance avec le petit appareil qui dessert Bayreuth.

Enfin me voici au port, où m'appelle la conscience professionnelle. Je termine mon livre sur Cosima Wagner et il me fallait voir Bayreuth de mes yeux, entendre de mes oreilles le fameux son, unique au monde, émis par la salle que Wagner fit construire.

Jeudi 15 août

Voilà, c'est fait, j'ai vu, j'ai visité, et surtout entendu le plus beau *Tristan* de ma vie, chanté par la belle Waltraud Meier. Un enchantement. C'est vrai que le son de Bayreuth ne ressemble à aucun autre.

Impossible de rester plus longtemps pour en entendre davantage. Le devoir m'appelle à Paris. Adieu, Bayreuth.

Lundi 19 août

L'affaire des grévistes africains de la faim réfugiés dans l'église Saint-Bernard enfle chaque jour. Et la petite foule qui les soutient aussi, ce qui interdit l'intervention des forces de l'ordre. Il faut comprendre que ces hommes ne sont pas des clandestins. Ils avaient des papiers, un emploi. Mais les lois Pasqua sont telles que ces papiers leur ont été retirés. Il y a dix grévistes, mais trois cents Africains concernés et positivement désespérés.

Maintenant, les choses ont pris le plus mauvais tour : l'aspect d'un bras de fer entre les grévistes, qui en sont à leur quarante-sixième jour de jeûne, et le gouvernement. Que l'un de ces hommes meure – ce n'est, hélas, pas exclu –, et le ministre de l'Intérieur portera la responsabilité de cette mort. Qu'il cède, et ce ne sera pas brillant non plus. Comment a-t-on pu se fourrer dans une pareille situation alors que le drame couvait depuis cinq mois ?

Début d'une série dans *Le Monde* sur le progrès. Existe-t-il, oui ou non ? Peut-on encore y croire ? J'ai toujours pensé que le progrès était une façon de changer de malheur. Mais quand j'ai dit cela, un jour, à Pierre Mendès France, j'ai cru qu'il allait me gifler.

Mardi 20 août

Vingt-cinq jours déjà que les deux garçons de l'AICF ont disparu en Tchétchénie. Aucune demande de rançon. Toutes les démarches possibles ont été entreprises, comme on peut l'imaginer, dans toutes les directions, y compris Moscou… Pour le moment, Nathalie Duhamel, qui dirige les opérations de l'AICF depuis Paris, juge plus avisé de ne pas faire de « battage » autour de cet enlèvement. C'est aussi l'avis du Quai. Donc silence, et patience…

Un criminel particulièrement abject, violeur d'enfants, trafiquant de jeunes filles, pédophile avéré, assassin à l'occasion, secoue la Belgique. Incarcéré et condamné pour des actes de même nature, il a été libéré au bout de trois ans pour bonne conduite – ce qui ne peut plus se produire en France. Le pays est bouleversé, révolté, et il y a de quoi.

L'ampleur donnée à ce fait divers belge par la télévision française est à la mesure de l'horreur qu'il inspire. Elle s'en met, si j'ose dire, jusque-là ! Mâche, remâche et reremâche, tout voyeurisme déployé.

Le public, qui l'ignorait, découvre à cette occasion dans la presse que la pédophilie est une lèpre universelle, que de bons pères de famille européens font le voyage en Thaïlande pour qu'on leur fournisse des petits garçons vierges – peur du sida –, que des millions d'enfants de par le monde sont livrés à la prostitution. Et il se frotte les yeux.

Ainsi, de temps en temps, le voile se déchire sur une face abominable de l'humanité et on la prend en haine.

Jeudi 22 août

Les deux garçons de l'AICF ont été relâchés. Pour le moment, aucune information sur les ravisseurs et les conditions de cet enlèvement à Grozny même. Mais un immense soulagement de les savoir libres, sains et saufs. Le moral solide : l'un d'eux ne voulait pas entendre parler de rentrer.

La France va-t-elle être coupée en deux ? On pourrait le croire devant l'ampleur des réactions provoquées par l'affaire des sans-papiers. Il n'y a pas, comme on pourrait le croire, une grande majorité d'indifférents et une poignée de consciences malheureuses pour les soutenir. Il y a une réelle émotion dans la moitié de la population devant le sort de ces malheureux et la façon dont cette affaire a été conduite.

Debré, pleurnichard, est insupportable à voir. Juppé, plus sobre, a lâché aujourd'hui un peu de lest : l'Administration va examiner la situation des sans-papiers cas par cas et accorder des régularisations… Le Conseil d'État, consulté, note que la loi n'interdit pas au gouvernement d'accorder des dérogations. La porte est donc entrouverte sur une négociation.

Vendredi 23 août

En fait de négociation, les forces de l'ordre ont pris d'assaut l'église Saint-Bernard, détruisant son portail à la hache, et ont évacué sans ménagement tous ceux qui s'y trouvaient. Les grévistes ont été emmenés sur des civières dans des hôpitaux militaires, les femmes et les enfants dans un centre de détention.

Ah mais ! Nous sommes gouvernés, il ne faut pas croire ! Tout cela s'est fait avec l'assentiment du président de la République. « Entrer dans une église à la hache pour y jeter des gaz lacrymogènes sur des enfants, c'est ça la France ? » s'est écriée une femme africaine. Oui, c'est cela. C'est cela aussi. Et on en a de la cendre dans la bouche.

Samedi 24 août

Maintenant, c'est le bordel. Une quarantaine de sans-papiers sont régularisés sur deux cent vingt, quatre expulsés, les autres libérés dans une confusion totale pour cause d'imbroglios juridiques. Tout ce psychodrame était-il nécessaire pour en arriver là par où l'on aurait dû commencer : l'examen cas par cas de situations individuelles ? Ah ! misère…

Faute d'avoir réfléchi à une politique de l'immigration clairement définie, on se condamne à n'avoir que des réflexes.

Vu un assez beau film d'André Téchiné, *Les Voleurs*. Une mauvaise critique avait failli m'en dissuader. Il y a du ton, de la force, de vrais personnages… Reconnaissons seulement que Catherine Deneuve en professeur de philosophie n'est pas entièrement crédible quand elle fait cours. Mais son personnage l'est, en revanche, et, philosophie mise à part, elle est excellente.

Dimanche 25 août

Lu 98 romans en vue du prix Femina ! Et 296 seront publiés cet automne ! N'importe quoi ! Comment faire honnêtement son métier de juré ? Bien sûr, on peut lire en zigzag, abandonner après dix pages – il n'en faut pas davantage – ce qui est agressivement médiocre ou insuffisant… Mais, même ainsi, on est à la merci de l'indigestion.

On le répète chaque année en vain : c'est le système des prix littéraires, décernés en tir groupé, qui provoque le phénomène. Il y a d'autres prix, ô combien ! On décerne 800 prix littéraires chaque année en France ! Mais seuls font « vendre », à des degrés divers, le Goncourt, le Femina, le Renaudot, le Médicis, l'Interallié. Il faut donc en décrocher un ou mourir. C'est triste, un livre qui meurt sans avoir trouvé de lecteurs… C'est beaucoup de travail, beaucoup d'espoirs, et parfois du talent, qui s'enfoncent dans la nuit. Aussi la responsabilité des jurys est-elle grande. Aussi vais-je continuer consciencieusement à avaler mon roman quotidien.

Une consolation : la récolte de l'année n'est pas mauvaise. Plusieurs titres, au moins, sont honorables.

Mardi 27 août

L'offensive Tapie est déclenchée. Interprète d'un film de Claude Lelouch qui sort demain, il vend lui-même sa camelote sur toutes les chaînes, dans tous les journaux, qui s'y prêtent d'ailleurs avec complaisance.

Il faut dire que, s'il se montre bon acteur dans ce film, il aura fait un rétablissement extraordinaire. La prison l'attend, il le sait, mais quoi ! Ce sera un moment à passer… Même s'il est long, sa femme l'attendra, et puis commencera une nouvelle carrière, loin de la politique et de ses pièges… Où on ne lui demandera pas son casier judiciaire.

On saura dès cette semaine si le dernier tour de Tapie a réussi et si le public accorde ou non miséricorde à ce grand voyou.

Mercredi 28 août

Congrès mondial à Stockholm au sujet de l'exploitation sexuelle des enfants.

Elle est ignoble en soi. Elle l'est encore plus si l'on pense que c'est l'exploitation des pauvres par les riches – car ce sont les enfants pauvres dont les touristes du sexe abusent.

Un tel congrès sert-il ? Oui, me dit Albina du Boisrouvray, très active sur le front de la prostitution enfantine. Il fera un peu avancer les choses. Mais le problème est immense et les chiffres effrayants. Il s'est déplacé maintenant de l'Asie à l'Europe de l'Est, dont la dislocation a multiplié les enfants affamés, sans feu ni loi. En tout, 1 million de jeunes mineurs seraient concernés par la pédophilie. Comment guérit-on d'une telle plaie ?

Diana et Charles : vous, je ne sais pas, moi j'en ai par-dessus les oreilles. Parce que leur divorce a été prononcé, la télévision et la presse brodent et rebrodent. On ne l'appellera plus « Altesse »... Ah ! quel malheur ! Les Anglais ne veulent pas qu'il se remarie avec sa bien-aimée... Ah ! quelle situation cornélienne ! Et m... !

Vendredi 30 août

Les quarante éleveurs partis de la Vienne, poussant quinze vaches laitières devant eux sur trois cent cinquante kilomètres pour attirer l'attention sur leur situation désespérée, ont atteint Paris sous les applaudissements. Leur manifestation plaît. Il faut dire que tout se passe, depuis quelque temps, comme si chacun participait de cœur à toute manifestation contre les pouvoirs publics.

Cinq éleveurs ont été reçus par Jacques Chirac, qui leur a distribué de bonnes paroles. L'un d'eux a dit drôlement : « Il parle paysan. » Ils sont partis relativement rassérénés. Mais d'autres ont pris le relais. La vache folle a disparu de l'actualité, pas le dégoût de la viande qu'elle a inspiré.

Le chômage a baissé de 20 000 unités en juillet. Bonne nouvelle ou feu de paille ?... De ce côté-là, on n'ose plus espérer. Et pourtant, il faut absolument s'arracher à cette image d'une France flapie entraînée vers un déclin inéluctable, parce qu'elle est fausse, qu'elle ne correspond pas à la réalité des choses. Un bon entretien avec Jacques Attali, dans *L'Obs*, les remet en place. On peut s'en sortir. C'est la Grande-Bretagne qui est sur la voie du sous-développement. La France a encore les ressources nécessaires pour se redresser... si on ne fait pas trop de bêtises.

Samedi 31 août

Vu le film de Lelouch, *Hommes, Femmes : mode d'emploi*. Pas mauvais, pas très bon, plutôt distrayant, inoffensif. Et Tapie ? La vérité oblige à dire qu'il est convenable. Il dit juste et il a une présence... Il pourrait faire un ersatz de Lino Ventura. Mais Tapie est à un véritable comédien ce qu'il a été à un chef d'entreprise : du toc. Quoi qu'on pense de lui – et je n'en pense pas du bien –, c'est un coup extraordinaire que ce bonhomme a réussi là avant d'aller en prison. Où il ira, inéluctablement.

On va lui demander des autographes, maintenant !

Bill Clinton, au mieux de sa popularité, largement soutenu par le congrès de son parti, va-t-il tomber sur l'une de ces histoires sordides dont les États-Unis ont le secret ? Son principal collaborateur fréquentait une prostituée et lui faisait des confidences sur l'oreiller. Elle a vendu ces confidences à un journal. Et maintenant toute la ville en parle… C'est misérable.

Plus grave, l'entrée des troupes irakiennes au Kurdistan, dans la zone théoriquement protégée par les Occidentaux depuis la guerre du Golfe. Si on a bien compris, l'Irak a fait ami ami avec l'un des deux partis kurdes contre l'autre, soutenu par l'Iran. Il y a du pétrole là-dessous et les États-Unis ne peuvent pas rester inertes. Du pain sur la planche pour Bill Clinton…

Il n'est pas mal du tout, ce général Lebed dont on disait pis que pendre. En tout cas, il a bel et bien mis fin à la guerre de Tchétchénie, qui a fait 40 000 morts. Ce n'est pas le fait d'une brute épaisse…

SEPTEMBRE

Lundi 2 septembre

Cette charmante cosmonaute, Claudie André-Deshays, qui vient de revenir sur Terre après quatorze jours de voyage dans l'espace, est bien agréable à regarder. Et, voyez comme nous sommes tous, personne qui n'en ait fait la remarque. S'agirait-il d'un homme, son physique n'aurait appelé aucun commentaire. Mais une femme qui s'exhibe se doit d'être jolie. Et quand elle fait un « métier d'homme », alors c'est le bouquet... Elle doit faire la preuve qu'elle n'y a pas laissé sa féminité !

On ne comprend pas bien ce qui se passe au nord de l'Irak, où Saddam Hussein a justifié son intervention par le rôle de l'Iran dans la zone de sécurité kurde. Il a annoncé hier soir le retrait de ses troupes. Mais les Américains vont-ils laisser passer l'affront sans riposter ? Selon la forte parole du vice-président des États-Unis, Al Gore, « les choses sont compliquées ».

La division entre les Kurdes, le jeu trouble de l'Iran, les

états d'âme des Turcs, la campagne électorale américaine… autant de facteurs difficiles à maîtriser.

Mardi 3 septembre

Atmosphère générale déplorable, que les exhortations de Chirac à l'optimisme n'ont fait qu'aggraver. On annonce des réductions d'effectifs partout, les enseignants préparent une grève, les syndicats lancent une grève et, à tort ou à raison, ceux qui ne font pas grève redoutent la répétition de novembre 95, tant l'esprit est largement houleux. Ils se trompent probablement, les choses ne se répètent jamais à l'identique, mais ces sombres perspectives ne contribuent pas à remonter le moral des Français. Ils ont le sentiment que le gouvernement est enferré dans une politique qui échoue, et comment leur donner tort alors que pas une éclaircie ne s'annonce – au contraire ?

Les bons conseils se multiplient dans la presse sous la plume d'Alain Madelin, de Philippe Séguin, d'Édouard Balladur, des économistes à la mode, mais, manifestement, Jacques Chirac n'a pas d'oreilles pour entendre ni les uns, ni les autres, ni *a fortiori* l'opposition. Il croit à on ne sait quel miracle qui fera redémarrer spontanément l'économie.

En attendant, c'est la neurasthénie qui la guette.

Les États-Unis ont bombardé des cibles militaires dans le nord de l'Irak. La France a pris ses distances avec l'opération, l'Italie aussi, l'Espagne également… Chacun voit bien qu'il s'agit, pour Bill Clinton, d'une riposte électorale. La situation est si complexe, si confuse, que personne ne se hasarde à faire des pronostics sur son évolution. N'est-il pas curieux, pour le moins, de voir les États-Unis et l'Iran aider ensemble la même faction kurde ? Le sûr est que, pour le moment, Saddam Hussein, reprenant pied au Kurdistan, en sort renforcé et que la levée tant attendue de l'embargo qui frappe l'Irak n'aura pas lieu. C'est la malheureuse population irakienne affamée qui en fera les frais.

Mercredi 4 septembre

Cette fois, c'est promis juré : l'impôt sur le revenu baissera pour tous les contribuables, et progressivement pendant cinq ans, dès 1997. Pour le moment, cette divine surprise n'a pas provoqué des cris de joie. C'est peut-être que l'on attend de voir pour y croire…

Vendredi 6 septembre

Juppé a présenté hier soir son projet de réforme fiscale à la télévision. C'est peu de dire que l'accueil est froid, de tous les côtés. Parmi les gens de la rue interrogés, pas une voix favorable.

Comment peut-on penser que les Français vont se mettre à dépenser un argent dont on leur dit qu'ils verront la couleur, en 1997, sur leur feuille d'impôts ? Dans l'état de méfiance et de désenchantement où ils sont, ils attendront. Ils sont de surcroît persuadés qu'on va leur reprendre d'une main – augmentation de ceci et de cela – ce qu'on leur donnera de l'autre.

Par rapport à l'objectif annoncé – relancer la consommation pour combattre le chômage –, cette réforme risque d'être un coup d'épée dans l'eau.

Selon un sondage IFOP publié aujourd'hui par *Libération*, 83 % des Français aspirent à un changement de politique économique. Le chiffre est énorme.

De son côté, *L'Express*, qui n'est pas précisément antigouvernemental, titre « Ça suffit ! » et adresse une « Lettre ouverte au président » le sommant d'intervenir. Il y a le feu à la maison.

Samedi 7 septembre

Malheureux Belges ! Secoués, comme ils le sont, d'avoir sécrété un monstre avec ce pédophile tueur de jeunes filles, voilà qu'ils apprennent que leur justice est corrompue, leur police impuissante et que, dans le même temps, un ministre socialiste a assassiné un autre ministre socialiste. De quoi ébranler, assurément, une société…

Lundi 9 septembre

Patatras ! A peine apprenait-on que la pression fiscale serait diminuée globalement de 25 milliards que les feuilles d'impôts locaux ont commencé à tomber. Et que voit-on ? Que l'augmentation de ces impôts sera cette année de 22 milliards ! Tout l'impact psychologique de la réforme fiscale, si toutefois elle en avait un, en est éclipsé. Les gens se sentent roulés dans la farine.

Mardi 10 septembre

En bons Français que nous sommes, nous avons trouvé un nouveau motif pour nous quereller. Et pas n'importe lequel : Clovis.

Qu'a-t-il donc fait, ce roi barbare, à part casser le vase de Soissons ? Il s'est fait baptiser, un jour de 496 – à moins que ce ne soit 498 ou 499, on ne sait pas au juste –, et l'anniversaire de ce baptême va être célébré solennellement conjointement avec le pape, qui viendra dire la messe à Reims.

C'est là que les choses se gâtent. Car le baptême de Clovis est présenté comme l'acte fondateur de la France – laquelle n'existait pas de son temps et n'a été constituée que cinq cents ans plus tard. Son véritable acte de naissance apparaît, d'après Michel Rouche, sous Philippe Auguste, en 1204. Et les laïcs s'insurgent : pourquoi la République devrait-elle célébrer le baptême de Clovis ? Qu'a-t-elle à faire d'une messe ? Qu'elle soit dite, d'accord, mais à condition de ne pas transformer l'événement en commémoration nationale.

Les journaux en sont pleins. Les livres se multiplient. Les passions s'aiguisent. Chacun voit Clovis à sa fenêtre. Le drapeau de la discorde claque. Quelle histoire ! Preuve qu'on ne gratte pas impunément l'épiderme français là où ça le démange.

Mercredi 11 septembre

Saddam Hussein a réussi son coup. Il contrôle tout le nord du Kurdistan, entièrement aux mains d'une faction kurde, le PDK, son allié. L'autre va grossir le flot des réfugiés qui craignent les représailles et se massent dans les zones frontières. Une nouvelle tragédie humanitaire se prépare là. Et toute cette histoire n'est pas finie.

Grande vague d'attendrissement au sujet du *France*, rebaptisé *Norway 2*, qui est venu hier s'amarrer au Havre, en provenance de New York.

Le *France*, ce fut la grandeur, le luxe. Un beau jouet en vérité que ce transatlantique de pointe qui traversait l'Océan en cinq jours, baptisé par Yvonne de Gaulle... Mais superflu, déficitaire, et qui aurait fini à la casse si les Norvégiens ne l'avaient racheté. Ils l'ont refait, multipliant les cabines, supprimant les salons, le transformant en une sorte de club de vacances qui rôde dans les mers chaudes et qui, du même coup, est devenu une bonne affaire.

Et voilà les Français tout barbouillés de voir leur *France* défiguré battre pavillon norvégien.

C'est une leçon pourtant qu'il faudrait en tirer, et non cette éternelle nostalgie où nous sommes si prompts à tomber.

Jeudi 12 septembre

Tollé sur Jean-Marie Le Pen à propos de sa déclaration raciste sur l'« inégalité des races ». Mais il persiste et signe : « Les Juifs et les Esquimaux n'ont pas joué le même rôle dans l'histoire du monde. Pas plus que les Pygmées et les Grecs contemporains de Périclès. Et les Noirs courent plus vite… » Donc, il y a des races inférieures. Une vieille antienne scientifiquement fausse : le patrimoine génétique de toute la race humaine est le même, son sang est le même. Et entre Nelson Mandela et Le Pen, lequel est « inférieur » ?

Faut-il s'émouvoir des propos de Le Pen comme s'ils étaient surprenants ? Se laisser prendre à ses provocations ? Exiger que le Front national soit dissous ? Absurde. On ne dissout pas un parti qui a 10 millions d'électeurs. Il appartient plus simplement au garde des Sceaux de poursuivre Le Pen devant les tribunaux. Le racisme de Le Pen ne doit pas rester impuni, même s'il se déguise habilement derrière un prétendu bon sens pour distiller son venin. Il doit rester un délit. Au lieu de quoi on est choqué d'apprendre que la télévision publique lui offrira sa tribune dimanche soir pour qu'il puisse en remettre un peu.

C'est ce qu'on appelle être irresponsable.

Samedi 14 septembre

On vote demain en Bosnie, en Croatie, dans la zone serbe de Bosnie, après une campagne ultranationaliste de tous les côtés qui laisse mal augurer d'un rapprochement possible entre les trois communautés… C'est la haine qui, presque partout, s'est exprimée.

Les électeurs doivent élire une présidence tricéphale et

un Parlement censés éviter l'éclatement du pays. Il faut beaucoup d'optimisme pour en caresser l'illusion. Que se passera-t-il lorsque les forces américaines se retireront, comme cela est prévu ? On n'ose y penser.

Lundi 16 septembre

Agitation baroque en Italie, où Umberto Bossi et sa Ligue du Nord proclament l'indépendance de la plaine du Pô et la baptisent Padanie. Cela s'est fait à grand renfort de flonflons et d'oriflammes remplaçant le drapeau national, avec des gestes symboliques et des discours enflammés. Une procession qui s'est arrêtée à Venise a été mal accueillie par les habitants, mais il y avait tout de même quelques milliers de manifestants.

Que veulent les sécessionnistes ? Garder pour eux le nord de l'Italie, qui est riche, et larguer le sud, qui est pauvre. C'est aussi simple que cela.

Pour l'instant, ce n'est pas un succès, mais Bossi a réussi à occuper la scène médiatique pendant quinze jours et il a plus d'un tour dans son sac. Il se donne un an pour que la Padanie soit chose faite.

Curieux, cette rage de scission qui se manifeste partout, de l'Irlande au Pays basque, de la Baltique au Caucase et maintenant à la vallée du Pô, comme si la parade à la mondialisation était une sorte de repli identitaire. De son côté, si l'on en croit *Le Figaro*, la Belgique est menacée d'éclatement aux prochaines élections de 1999, sous la pression des Flamands.

L'assassinat, épouvantable, d'un enfant de 14 ans par un autre enfant de 15 ans, à Marseille, a été récupéré sans vergogne par Le Pen parce que le coupable est un jeune Marocain. Il a appelé les Marseillais à manifester malgré l'opposition du père de la petite victime.

Faire son beurre sur le cadavre d'un enfant, c'est digne de lui.

Mardi 17 septembre

Dîné au Club L avec une série de femmes intelligentes et intéressantes. L'une est au Conseil d'État, l'autre s'occupe d'investissements immobiliers lourds, une autre dirige une fondation consacrée à l'épilepsie, une autre encore, qui enseigne le droit, est spécialisée dans l'étude des monnaies – et, singulièrement, du mark –, une autre encore est chercheur et traque un neurone dangereux, la glie, du moins si j'ai bien compris... Chacune parle de son métier.

C'est l'intérêt de ces rencontres au féminin : on ne bavarde pas, on ouvre des portes sur des univers différents.

Pendant des années, les banques suisses ont réussi à couvrir d'un voile pudique leurs activités pendant la Seconde Guerre mondiale. Mais voilà qu'un rapport d'enquête publié par le gouvernement britannique casse la baraque. Selon ce rapport, 90 % d'un magot évalué à 500 millions de dollars en 1946 (soit 20 milliards de francs actuels) pourraient encore dormir dans les banques suisses.

Le gouvernement suisse a donc décidé de lever le secret derrière lequel les banques se réfugient depuis cinquante ans. Une commission a été chargée d'entreprendre des « recherches définitives, exhaustives et transparentes » sur le sort des avoirs déposés en Suisse par des personnes victimes des persécutions du IIIe Reich. L'action de la Banque nationale, accusée d'avoir reçu l'essentiel des dépôts d'or des nazis – leur trésor de guerre fait de pillages –, sera également passée au peigne fin. On compte que l'opération prendra deux ans.

L'incroyable est qu'il ait fallu tant d'années pour que la Suisse se sente enfin contrainte de se regarder dans la glace. Il semblerait que ses banquiers n'apprécient pas…

Cette fois c'est officiel : Stéphanie de Monaco divorce. Ma fidèle Blanche est consternée. Tout ce qui touche aux Monaco la concerne. Le sordide dans cette histoire, c'est la personne avec laquelle ce Ducruet a choisi de s'envoyer en l'air. Miss Belgique Seins nus ! Tout un programme… Pauvre Stéphanie ! Elle ne méritait pas un tel outrage, cette petite princesse égarée dans la poissonnerie. Trompée avec une duchesse, ç'aurait été moins blessant pour la maison Grimaldi, qui ne se remet pas de l'offense…

Mercredi 18 septembre

Jean-Claude Trichet, gouverneur de la Banque de France, est venu plancher devant les membres de la Fondation Saint-Simon. Brillantissime. Il a pris une à une les idées reçues qui courent sur le franc fort, la déflation, les taux d'intérêt, l'ensemble de la politique monétaire française, et leur a proprement tordu le cou. Ça a été vite fait, bien fait. Si bien fait qu'il n'y a pas eu, dans l'assistance, une seule voix pour le contredire, ce qui est rarissime. Que n'ai-je pris quelques notes…

Sa conclusion : les choses devraient aller mieux en 1997.

Izetbegovic, le président de la Bosnie, devient le président du Parlement issu de récentes élections. Il faudra qu'il compose avec ses deux collègues, le Serbe et le Croate. Toutes les interrogations demeurent sur la façon dont ce Parlement tripartite fonctionnera, et même s'il fonctionnera.

Vendredi 20 septembre

Un ami américain, bon observateur de son pays, m'invite à dîner avec un diplomate qui fut longtemps en poste aux États-Unis. Leurs remarques sont les mêmes : Clinton a toutes les chances d'être élu, les gens ne s'intéressent plus au fait de savoir s'il a eu, oui ou non, des aventures extraconjugales, et c'est nouveau. Nouveau aussi, surtout dans la jeunesse, le désir de se rendre utile, de faire quelque chose pour les autres. Tout ce qui est humanitaire fait recette. C'est à la mode. Bob Dole ne l'est pas. Il devrait emporter au plus cinq États.

C'est demain mon anniversaire. 80 ans. J'aurais préféré l'oublier mais ma fille et mes amis en ont décidé autrement : ils ont manigancé une petite fête, et me voilà affectueusement piégée.

80 ans ! Est-ce possible ? J'ai toujours pensé que je mourrais à 77 ans, comme ma mère et ma grand-mère... Ce rabiot me trouble comme si je volais quelque chose.

Si j'étais une personne convenable, je méditerais aujourd'hui sur la mort, ma prochaine étape. Au lieu de quoi je n'y pense – quand j'y pense – que pour me demander avec curiosité comment je l'accueillerai. Si, au dernier moment, j'aurai la même tranquillité qu'aujourd'hui. Après tout, c'est un moment à passer, même si c'est le dernier.

Cette tranquillité désarçonne l'excellent journaliste de *La Croix* qui est venu m'interroger sur Dieu. Vaste sujet... L'incroyante que je suis essaie de répondre honnêtement et sans choquer quiconque pensant autrement. Mais je ne peux pas dissimuler que je ne crois pas à une existence quelconque après la mort, et encore moins à la résurrection des corps. Que, si je crois aux forces de l'esprit, c'est en des corps vivants et non évoluant en quelque éther. « Vous n'avez pas d'inquiétude métaphysique ? » me demande-t-il. Non. Je suis désolée de le décevoir, mais c'est non. A une courte distance de ma propre mort, je n'éprouve pas la moindre angoisse métaphysique.

Je ne suis pas sûre qu'il m'ait crue.

Samedi 21 septembre

Peu de monde à Tours, peu de monde en Vendée, mais en Bretagne à Sainte-Anne-d'Auray, et surtout à Reims, il y a eu foule pour accueillir le pape, une foule fervente et recueillie. La couverture du voyage pontifical par la télévision est surabondante, mais quoi ! Ce n'est pas tous les jours qu'on a un pape chez soi ! Et on ne peut qu'admirer l'adresse avec laquelle il a évité tous les pièges tendus par ses intégristes.

Le Pen est raciste, antisémite et xénophobe. C'est ce qu'Alain Juppé a vigoureusement affirmé devant un auditoire de lycéens, à Montpellier. C'est la première fois que ces choses claires et fortes sont ainsi exprimées par un membre éminent de la majorité. Réponse piteuse de Le Pen : M. Juppé perd la tête.

Pour mes 80 ans, je me suis fait un cadeau. Une tête de terre cuite vieille de plus de deux mille ans, d'origine africaine, du Nigeria exactement. Un Nok. Elle me plaît tant que je me relève, la nuit, pour aller la regarder.

Lundi 23 septembre

Je savais que j'avais des amis. Mais qu'ils soient si nombreux, si affectueux, m'a émue jusqu'à en avoir les larmes aux yeux, ce qui n'est pas tellement mon genre !

La fête célébrant mes 80 ans a été superbe, très gaie comme je le souhaitais, organisée de main de maître par Caroline. Tout le monde a chanté. J'ai vérifié une fois de plus que c'est une bonne manière de recevoir des amis. Quand on chante, le cœur se dilate et on se sent heureux.

Maintenant, il faut que je sois digne de la réputation

que les uns et les autres me font dans le petit opuscule qu'ils ont rédigé ensemble pour chanter mes louanges. Ce ne sera pas chose facile…

Le soir, BHL et Jean-Paul Enthoven donnaient une réception monstre chez Castel pour fêter le mariage de leurs enfants, Justine et Raphaël. Je les aime beaucoup, ces enfants, qui sont la grâce même. Alors je suis passée pour les embrasser, et puis j'ai filé à l'anglaise… Le bruit de Castel me tue.

Mardi 24 septembre

Supputations et interrogations sur l'éventuelle opération de Boris Eltsine. Apparemment, les médecins se dérobent. Il n'a pas seulement le cœur mais aussi le foie et les reins en capilotade. Peut-on faire subir une opération lourde à un homme dans cet état ?

Et s'il reste entre les mains des chirurgiens, que dira-t-on ? Qu'ils l'ont tué ?

Mercredi 25 septembre

Publié un petit article dans *Le Figaro* pour dire qu'il faut interdire les films de violence à la télévision avant 11 heures du soir, et je suis étonnée de l'écho qu'il a trouvé. Chacun sent bien qu'il y a là un problème aigu et urgent. La télévision véhicule le meilleur et le pire.

Le pire, c'est ce qui banalise aux yeux des enfants le crime, les armes, la mort, les héros négatifs. Bruno Bettelheim, le psychanalyste, disait : « La culpabilité procure la motivation la plus puissante de comportement moral, beaucoup plus forte que la désapprobation des autres. » C'est cette culpabilité que trop d'enfants et d'adolescents ne connaissent plus, parce qu'on ne la leur a pas enseignée. Ils n'ont pas de surmoi, je le répète.

Hervé Bourges a fait adopter des mesures d'avertissement par les chaînes. Elles devront indiquer à quel degré de violence se situent les films qu'elles diffusent, afin que les parents en tirent les conséquences. Mais la moitié des enfants ne regardent pas la télévision avec leurs parents. Par rapport à l'objectif poursuivi, ce sera un coup d'épée dans l'eau.

Jeudi 26 septembre

C'est un rapport accablant que publie l'INSEE. Il révèle que le niveau de vie des moins de 25 ans a baissé de plus de 15 % en cinq ans alors que la pauvreté a fortement reculé chez les retraités. Entre 1984 et 1994, la situation relative des jeunes ménages n'a cessé de se détériorer tandis que celle des plus âgés s'est améliorée. Que penser d'une société qui offre une telle perspective à sa jeunesse ? Qu'elle est bien malade, et possiblement explosive. L'inégalité n'est pas d'aujourd'hui. Mais lorsqu'elle s'accroît au lieu de se réduire, elle devient insupportable.

Concert à Pleyel pour entamer la saison. L'Orchestre national de Paris n'est plus que l'ombre de lui-même. Son chef est insatisfaisant. Mais le programme, *Les Variations symphoniques* de Richard Strauss et la *Quatrième Symphonie* de Mahler, a été le plus fort.

Vendredi 27 septembre

L'horreur, une fois de plus, en Israël. Un tunnel a été ouvert par les Israéliens qui part du mur des Lamentations et débouche sous la Grande Mosquée, lieu saint de Jérusalem. Aussitôt la révolte a jailli… Les Palestiniens ont manifesté, les pierres ont volé, les policiers des deux bords ont tiré… 70 morts.

Que signifie cette histoire ? Ce n'est pas clair. Pour certains, dont les Occidentaux, le creusement accéléré de ce tunnel est une pure et stupide provocation du Premier ministre israélien. Selon les Israéliens, Arafat s'est emparé d'un prétexte pour tenter de faire pression sur eux en vue de reprendre les conversations sur le processus de paix. C'est la thèse que défend ici l'ambassadeur d'Israël. Elle sonne faux. Arafat est trop fin tacticien pour déchaîner ses propres troupes. En revanche, le Premier ministre israélien ne paraît pas à la mesure des responsabilités qui pèsent sur lui.

Et c'est bien préoccupant pour l'avenir de ce fameux processus de paix. Pour le moment, on en est plutôt à la guerre civile.

Gros barouf autour des mémoires de Brigitte Bardot, qui se vendent comme des petits pains chauds. On lui reproche sa sympathie pour Le Pen – « un homme charmant » –, des propos musclés sur les immigrés, ou encore des phrases de petite-bourgeoise snob telles que : « Je hais les congés payés. » Faut-il brûler Bardot ? Non. Mais il faut lui tirer les oreilles. Pour le reste, ce qu'elle écrit sans fard sur sa vie privée est plutôt drôle. Celle qui fut l'incarnation de Satan pour le Vatican n'était, en somme, qu'un bon petit diable.

Samedi 28 septembre

Les talibans, étudiants extrémistes musulmans, sont entrés dans Kaboul, en Afghanistan, d'où ils ont chassé les troupes gouvernementales, pulvérisées en deux jours. L'ancien président et son frère ont été tués d'une balle dans la tête puis pendus.

Maintenant, les talibans font régner la *charia*. Tout travail est interdit aux femmes. Et les châtiments islamiques ont été rétablis. On nous explique ici et là que tout cela s'est fait avec l'accord tacite des Américains pour contrer l'Iran. Il se peut. Reste à espérer qu'ils savent ce qu'ils font, les Amerloques.

Lundi 30 septembre

Alain Juppé a décidé de mettre sa turbulente majorité au pas en lui imposant la question de confiance. Nul doute qu'il l'obtiendra, mais pour quoi faire ? C'est le pays tout entier qui rechigne avec véhémence… Sondages au plus bas.

OCTOBRE

Mardi 1er octobre

Une nouvelle bataille se prépare concernant la liberté de la presse, non négligeable. Jacques Toubon a demandé à un professeur de droit, Mme Rassat, d'autre part conseiller juridique de Jean Tiberi, de lui mijoter un projet de loi propre à museler enfin ces insupportables journalistes qui traitent des « affaires » et livrent parfois les secrets d'une instruction en cours.

Le projet est fin prêt sans que personne, à la Chancellerie, ait été consulté. Il ne reste plus qu'à le faire ratifier par le Parlement.

Son objectif : garantir le secret de l'instruction tout au long de son déroulement. Rien ne doit transpirer. Mais pourquoi ce secret n'est-il pas respecté ? Parce que ceux qui le détiennent, magistrats, avocats, accusés eux-mêmes, jugent qu'ils ont besoin de rendre certains faits publics, afin qu'ils ne soient pas enterrés. Et ils les livrent à la presse ou lui donnent, en tout cas, le bout de fil rouge sur lequel celle-ci va tirer pour se livrer à ses propres enquêtes.

Autrement dit, c'est la méfiance à l'égard de la machine judiciaire et de son indépendance qui est à l'origine de la rupture du secret de l'instruction qu'ont largement pratiquée, ces dernières années, des juges en colère.

Il s'agit donc de les faire taire et de paralyser le zèle des journalistes enquêteurs. Pour ce faire, Mme Rassat a imaginé une batterie de mesures répressives. Un nouveau délit pour « publication d'un dossier d'enquête » serait créé. Toute conférence de presse d'un procureur de la République sur un dossier serait interdite. Le silence sur toute affaire en cours deviendrait la règle.

Une règle que Jacques Toubon risque d'avoir quelque peine à faire avaler tant elle ressemblerait à un étouffoir pour délinquants huppés.

Jeudi 3 octobre

Le Moyen-Orient est en train de redevenir une poudrière. Une rencontre entre Arafat et Netanyahou sous l'égide de Clinton a échoué. L'Israélien ne veut céder ni sur la fermeture du tunnel ni sur Hébron, qui devrait être palestinienne aux termes des accords d'Oslo. On n'ose penser à ce qu'il risque de récolter en semant la haine et la colère.

Déjeuné chez Diane de Margerie pour débattre du prix Femina. Nous nous mettons d'accord sur une liste de huit noms. Il n'y en a pas un qui s'impose vraiment, mais plusieurs qui feraient un prix honorable. La discussion est, comme toujours, vive et courtoise. Je défends pour ma part, pour le Femina étranger, un mince roman russe que je tiens pour un petit chef-d'œuvre, *Sonietchka*. De la pure littérature russe avec son parfum inimitable…

Vendredi 4 octobre

Écouté et regardé longuement Nicole Notat sur LCI, la seule chaîne où les gens interrogés ont le temps de parler.

Je l'aime bien, Nicole Notat. Elle a du tempérament, du courage. Ce n'est pas simple, ce qu'elle a à faire. Son intelligence et son sang-froid font honneur aux femmes.

A propos : une femme, Bernadette Malgom, vient d'être nommée préfet de région. En Lorraine. C'est la première fois. Allons, le convoi avance lentement, mais il avance.

Samedi 5 octobre

Le Monde publie aujourd'hui une pleine page qui m'est consacrée. Je savais qu'elle se préparait et, franchement, je tremblais.

Le résultat est tel que j'en ai eu un choc. Impossible d'être mieux traitée, avec plus de sensibilité. L'auteur de l'article, Josyane Savigneau, me reproche doucement de n'être pas communicative. Non, c'est un fait, je suis, d'une certaine manière, un vieil ours. Mais elle a su tirer de ce vieil ours tout ce qu'il y avait à en tirer.

Si j'étais capable de vanité, je serais vaine, maintenant. Mais ce n'est pas mon principal défaut.

Dimanche 6 octobre

Écrit quelques lignes pour *L'Obs* sur l'affaire qui secoue la FIAC et qui met en cause deux de mes amis, Marianne et Pierre Nahon.

Galeristes renommés, ils ont accepté d'être suivis pendant un an par les caméras d'un réalisateur, J.-P. Léon, à travers toutes leurs activités professionnelles. Flattés, sans doute, d'avoir été choisis, ils lui ont ouvert leur porte, leur bureau, leur maison. Résultat, deux mille heures de film dont ledit réalisateur a tiré cinquante-deux minutes plutôt comiques où il n'est question que d'argent. Tout le reste a disparu, à part quelques paroles fâcheuses comme on prononce entre soi mais pas devant une caméra. Avec cet hymne à l'argent, J.-P. Léon a voulu manifestement s'amuser aux dépens des marchands d'art. Les Nahon n'ont pas apprécié.

Mais l'affaire serait restée confidentielle – un documentaire sur Arte – si d'autres marchands de la FIAC n'avaient jeté feu et flamme contre leur imprudent confrère comme s'il avait déshonoré la profession. Et c'est devenu une tempête dans un verre d'eau.

En vérité, Pierre Nahon n'a commis qu'une faute grave, une faute d'étourderie : c'est de faire confiance à un réalisateur sans s'assurer d'un droit de regard sur le produit fini. Élémentaire, mon cher Watson.

Il y a quelques années, un cinéaste – et pas n'importe lequel : Raymond Depardon – a tourné un film sur Giscard en campagne présidentielle. Celui-ci a trouvé le résultat dommageable pour son image. Il en a interdit la diffusion, comme il en avait le droit. C'est ce droit que les Nahon ont négligé de s'assurer.

Comme quoi on trouve des gens candides parmi les Parisiens les plus avertis. Moralité : n'acceptez jamais qu'une caméra entre chez vous. La télévision n'est jamais neutre.

Attentat à la bombe à la mairie de Bordeaux. On soupçonne les terroristes corses, qui ont, décidément, perdu la tête.

Lundi 7 octobre

Aujourd'hui, c'est *Libération* qui me portraiture. Rien de comparable à la subtilité du *Monde*, mais un bon papier, sans malveillance…

Le vieil Auguste Renoir, lisant à la fin de sa vie des critiques dithyrambiques sur son œuvre, grommelait : « C'est quand on n'a plus de dents qu'on vous donne de la bonne soupe… »

Mardi 8 octobre

Première représentation de *Variations énigmatiques*, cette pièce de E. E. Schmitt au titre étrange, sans entracte, sans femme, au dialogue joué par Alain Delon et Francis Huster. Public brillant, accueil chaleureux. J'ai malheureusement perdu une partie du texte, souvent chuchoté, parce que, décidément, j'entends mal au théâtre en dépit d'une petite oreillette.

Le charme de Delon sur scène, c'est la façon dont il bouge. Il se déplace comme un fauve. Huster m'a paru parfait.

Avant la représentation, je bavarde avec Michèle Morgan, assise à côté de moi. Nous échangeons quelques souvenirs, quelques propos sur l'ennui de vieillir. Alors elle dit : « Moi, j'ai pris une décision. C'est de bien m'aimer comme je suis, même s'il y a des petites taches sur mes mains. » Elle rit. Elle est encore si belle que la décision ne doit pas être trop difficile à respecter.

Bordeaux : ce sont bien les Corses, épine empoisonnée dans le pied du gouvernement et fanatiques malades d'eux-mêmes.

Comment dit-on « grands travaux » au singulier ? « Grand travail » ? Donc, Jacques Chirac aura son grand travail, lui aussi, son musée si l'on préfère, celui des Arts premiers. Logé au Trocadéro avec une antenne au Louvre, ce qui est bien un peu singulier. Qu'est-ce que les arts premiers ont à faire au Louvre ? Mais ne chicanons pas, et ne nous mêlons pas des polémiques entre spécialistes qui, forcément, entourent déjà le projet.

Nul doute qu'il se réalisera. Chirac y tient. Il aime les arts premiers – on ne dit plus « arts primitifs » – et il a bien raison. Il peut être superbe, ce musée…

Mercredi 9 octobre

Marin Karmitz, entrepreneur dans l'âme, vient d'ouvrir un ensemble de six salles de cinéma dans le XIXe arrondissement de Paris, le long du canal Saint-Martin. Arrondissement excentré, culturellement déshérité, comme bien d'autres dans la capitale.

Ce faisant, M. K. a pris un pari formidable. Le public du quartier allait-il venir voir les films qu'il lui propose – rien à voir avec la grosse artillerie américaine ? Dès le premier jour, il est venu, il revient, il est heureux, et même il remercie. Les gens se retrouvent entre eux comme dans un village. Pari gagné. Il fallait y penser.

Jeudi 10 octobre

Mon kinési est désolé parce qu'il ne parvient pas à me faire bien marcher dans la rue. Dans la maison, tout va bien. Dehors, je bute, je trébuche, j'avance comme si j'appréhendais de mettre le pied par terre. Il me dit : « Vous avez des jambes de 40 ans, musclées. Alors qu'est-ce qui vous prend dans la rue ? Vous avez peur ? » J'ai une autre explication. Psychologique. C'est que, d'une certaine manière, je ne « marche » plus, au sens figuré du terme.

Vendredi 11 octobre

Le cirque d'émissions en tout genre à propos de la sortie de *Cosima* a commencé. Je n'aurai pas la mauvaise grâce de m'en plaindre, mais c'est abrutissant. Ce matin, j'étais debout à 6 h 30 pour aller à France-Musique !

En rentrant je trouve les journaux. Titre du *Figaro* : « Les terroristes corses appellent au meurtre. » Le communiqué du Fronte Ribellu ne peut pas, en effet, être lu autrement.

Il paraît incroyable que l'on ne puisse pas réduire une poignée de voyous qui ont contre eux toute la population de l'île, mais c'est le cas cependant... Voilà un territoire où la justice, découragée de faire son métier par d'étranges instructions, n'est évidemment pas en mesure d'imposer la loi.

Déjeuné avec Olivier Cohen. Il a réussi à créer une petite maison d'édition, L'Olivier, qui a publié cette année quinze titres, dont certains excellents. Il parle très bien de son métier et raconte quelques histoires piquantes. Par exemple comment, lorsqu'il travaillait pour une filiale d'Hachette, il s'est obstiné à recommander les romans d'une inconnue dont plus personne ne voulait entendre parler. On lui a dit : « Encore un, mais c'est le dernier... » L'inconnue était P. D. James, devenue la reine du roman policier.

Samedi 12 octobre

Vu de beaux films. *Secrets et Mensonges*, film anglais sur une famille de gens ordinaires, comme seuls les Anglais savent les représenter. *Breaking the Waves*, d'un Danois, film d'une grande violence de sentiments où il est dit que la foi fait des miracles, et aussi des victimes. *Le Roi des Aulnes*, d'après Michel Tournier, réalisé par Volker Schlöndorff, plus heureux ici qu'avec Proust. Aux dernières minutes près, une réussite.

Que c'est donc plaisant, une soirée au cinoche, quand le film en vaut la peine…

Lundi 14 octobre

Élection à Gardanne, dans les Bouches-du-Rhône, pour le remplacement de Tapie. 60 % d'abstentions et une claque pour Bernard Kouchner, qui allait courageusement au casse-pipe. Résultat des courses : le deuxième tour se jouera entre le FN et les communistes. A droite, J.-P. Gaudin a appelé au désistement pour le communiste, mais son parti n'a pas l'air de le suivre. Quant au RPR, il ne donne pas de consigne.

Mais où sont donc passés les électeurs de Tapie ?

Émotion en Belgique, où le juge chargé d'instruire les assassinats de fillettes a été dessaisi du dossier, sous ce qui apparaît à la population comme un prétexte pour paralyser l'enquête.

Si ce n'est pas le cas, ça y ressemble trop pour ne pas nourrir la colère populaire.

Mardi 15 octobre

Interrogée par *La Croix* sur mes relations avec Dieu, j'ai choqué inévitablement quelques lecteurs de ce journal. Mais cette interview m'a valu aussi quelques belles lettres de croyants qui me disent leur foi.

L'un d'eux m'a envoyé le récit des dernières heures de Paul Valéry, athée résolu auquel, malgré l'opposition de ses enfants, on arracha d'ultimes paroles ambiguës... Qui sait ce que l'on est capable de dire lorsque la mort est là...

Je me souviens d'un livre de Roger Martin du Gard, *Jean Barois*, qui fit grand bruit dans ma jeunesse, où l'on voit le héros, athée convaincu, victime d'un accident de voiture et récitant soudain spontanément le *Je vous salue Marie* qui lui vient aux lèvres...

Mes correspondants de *La Croix* me disent qu'ils prient pour moi et, si peu que je croie à l'efficacité des prières, l'intention me touche.

Mercredi 16 octobre

Le juge Halphen, dont chacun connaît aujourd'hui le nom, eut un jour le désir de perquisitionner au domicile de Jean Tiberi, maire de Paris, dans le cadre d'une « affaire », celle dite de l'OPAC (la bien-nommée) de Paris. Les HLM. Il demanda, selon la règle, la collaboration d'officiers de police. Contrairement à la règle, celle-ci lui fut refusée, sur ordre du directeur de la police judiciaire, Olivier Foll. Le juge porta plainte devant la chambre d'accusation. Celle-ci a rendu son verdict : « Le directeur de la PJ a agi avec précipitation et sans discernement... » Sont énumérés les manquements de M. Foll à ses devoirs, puis la chambre conclut qu'il doit lui être interdit « pour une durée de six mois l'exercice des fonctions d'officier de la police judiciaire ».

Là-dessus, que croit-on qu'il arriva ? Le ministre de l'Intérieur soutint M. Foll et déclara qu'il n'appliquerait pas la sanction. Il le maintint dans ses fonctions.

Disons que cela fait désordre – outre une crise ouverte entre la magistrature et la police – et autorise toutes les suspicions. Y aurait-il, en France, des personnes protégées d'une perquisition ?

Picasso-ci, Picasso-là, Picasso partout. L'arrivée de la grande exposition en provenance de New York est l'événement parisien. Elle est moins abondante, mais très riche néanmoins : cent quarante-quatre « portraits » plus éblouissants les uns que les autres, depuis son autoportrait en 1897, jeune homme de 16 ans, jusqu'à ceux de 1972 où le vieillard peint son masque de mort. L'ensemble est écrasant et révèle la cohérence de l'œuvre du peintre. On sait qu'il se souciait peu de saisir une ressemblance. C'est autre chose qu'il traque dans ces visages éclatés, autre chose qui les rend fascinants. La lutte entre l'art et l'homme qui n'a accepté ni dieu ni maître. « Son art, disait Malraux, est celui de notre civilisation, dont il exprime le vide spirituel comme le style roman exprimait la plénitude de l'âme. »

On peut gloser à l'infini sur Picasso – et d'ailleurs on glose. Son ombre gigantesque recouvre le siècle. En fait, il est le siècle. Mais le mieux est de l'aller voir en majesté au Grand Palais, si l'on se sent le courage de piétiner quelques heures dans une file d'attente. Il y a eu 500 000 visiteurs à New York. On en attend 6 000 par jour à Paris.

Jeudi 17 octobre

Grèves de la fonction publique, largement suivie – en moyenne 30 %, davantage à la SNCF – et manifestations dans toute la France.

Indécent : Nicole Notat s'est fait molester par des manifestants aux cris de « Notat-Juppé, même combat ! » Vianney et Blondel n'ont pas fait un geste pour exprimer leur solidarité.

Le général Lebed est limogé, accusé d'avoir fomenté un coup d'État. En somme, il a tout à apprendre de la politique, ce valeureux militaire. Il s'est découvert trop tôt en créant un parti en vue de la future élection présidentielle – qui, théoriquement, n'est pas pour demain. La succession d'Eltsine n'est pas encore ouverte. Lebed est très populaire, surtout depuis qu'il a fait la paix avec les Tchétchènes. Ils se sont mis à trois ou quatre ministres pour l'abattre. Mais si on lui laisse la vie, il n'a pas fini de faire parler de lui.

Vendredi 18 octobre

On dirait que les talibans, ces extrémistes d'Afghanistan sont en train de perdre la partie devant les forces gouvernementales, qui les assaillent jusque dans la banlieue de Kaboul.

Elles ont un beau général qui est en train de se tailler une gloire…

Est-ce bien, est-ce mal pour la paix du pays et pour celle du monde ?… En tout cas, ces talibans sont peu alléchants

Samedi 19 octobre

Interrogée par le *Corriere della Sera* sur la nouvelle chaîne française, Teva, entièrement consacrée aux femmes, j'ai dit des choses brutales qui ont fait, me dit-on, sensation. Il n'y a pas de quoi. Qu'ai-je dit ? Que le rôle de la télévision est de tirer les gens vers le haut, pas vers le bas. Que la notion même d'une chaîne exclusivement « féminine » me navre, comme si les femmes étaient des animaux de zoo, une espèce à part – on leur parle comme si elles étaient demeurées. Que cette mélasse sentimentale qu'on leur sert sous forme de feuilleton est navrante même si elle fait, paraît-il, les délices des Brésiliennes. De surcroît, en France, Teva a pris sur le câble la place de CNN, qu'il était bien intéressant de regarder quelquefois. Abonnée au câble, je considère que je suis volée.

Lundi 21 octobre

Des échafaudages ont été dressés devant mes fenêtres pour qu'on procède au ravalement de l'immeuble. Ils n'étaient pas en place depuis vingt-quatre heures que des malfaiteurs les ont escaladés pour s'introduire au quatrième étage en cassant les carreaux.

C'était dimanche. J'ai couru à la police demander que l'on veuille bien patrouiller sur le boulevard jusqu'à ce que des dispositions soient prises. Ce qui m'exaspère dans cette affaire, ce n'est pas seulement que j'aie peur de voir un malfrat débouler chez moi la nuit, c'est le travail mal fait, la négligence des gens chargés de ces travaux qui ont laissé traîner leurs échelles, leur désinvolture…

Bon. Se calmer. Et faire dès aujourd'hui installer un

système d'alarme sur mes fenêtres. Je ne vais pas vivre trois mois en tremblant !

Mercredi 23 octobre

Incident sérieux autour de Chirac, voyageant en Israël. Un service d'ordre musclé a voulu, sous prétexte de protection, l'empêcher et empêcher les journalistes qui l'accompagnaient de circuler librement dans la vieille ville de Jérusalem. Il s'est fâché très fort. Netanyahou a proféré de mauvaises excuses. Cet incident intervient le lendemain du plaidoyer du président français pour un État palestinien et du vœu qu'il a formulé de voir l'Europe coparrainer le processus de paix avec les États-Unis – perspective qui soulève l'hostilité viscérale de Netanyahou. Il y a donc une politique arabe de Chirac, qui, en passant par Damas, a enterré le Liban : « Aucun règlement ne saurait se concevoir sans l'association directe de la Syrie. » Cette phrase lui a valu un accueil triomphal. Mais peut-on faire confiance à la Syrie ?

Une belle image pendant ce voyage : celle de Yasser Arafat disant, les larmes aux yeux, en parlant d'Itzhak Rabin : « Je l'ai perdu… Je l'ai perdu… » Ce Netanyahou est en train de donner une fâcheuse physionomie à son pays. Mais peut-être est-il avant tout inexpérimenté…

Déjeuné avec Micheline D. Elle me raconte que Belmondo avait passé un contrat avec *Match :* les photos de ses petits-enfants en échange d'une couverture. *Match* sort avec une autre couverture, celle d'un animateur de télévision, Alexandre Debanne. Il paraît qu'il « fait vendre ». Belmondo éructe, d'autant plus que Delon, lui, a eu sa couverture avec ses enfants. En d'autres temps, cela se serait réglé sur le pré !

Lu un magnifique essai biographique de Jean-François Lyotard sur Malraux, intitulé *Signé Malraux*. C'est brillant, intelligent, pénétrant, c'est informé aussi et inattendu, il faut bien le dire, de la part d'un philosophe, tant la forme en est accessible. Un pur plaisir. Ce que j'ai lu de meilleur depuis la rentrée.

Je fais tous les jours une émission, parfois deux ou même trois, à propos de *Cosima*. Un exercice qui rend idiot. A la longue, on ne sait plus ce qu'on dit. Faut-il s'y plier ? C'est la règle. Les éditeurs sont formels : il faut balayer le champ du public potentiel le plus largement possible. Alors, comme tout le monde, je me plie jusqu'à en être toute chiffonnée.

Consolation : le livre marche très bien. Cette fois, mon libraire est content de moi.

Jeudi 24 octobre

Des ouvriers spécialisés, diaboliquement habiles, sont venus installer à prix d'or un système d'alarme sur mes fenêtres. Tout cela à cause de ces maudits échafaudages. Maintenant, si un malfaiteur essaie de forcer une fenêtre, mes sirènes vont réveiller tout le quartier !

Nous faisons des essais. Pachatte, écœurée, se réfugie

sous le lit. Je ne peux quand même pas l'échanger contre un chien policier !

Cette fois, la preuve est faite : la maladie de la vache folle est transmissible à l'espèce humaine. Une équipe de chercheurs anglais vient de le confirmer par ses travaux. Rien de spécialement réjouissant, au contraire, tant il est clair que les mesures de prévention sont aléatoires et imparfaitement appliquées. Des tonnes de farines infectées entreraient tous les jours en France…

Vendredi 25 octobre

Les sondages de popularité concernant Chirac et Juppé baissent de façon vertigineuse.

Quant aux sondages sur le moral des Français… Appelés à dire dans quel pays il fait bon vivre, sur une liste de quinze pays, ils placent la France en treizième position ! Ce qui montre, certes, qu'ils ne connaissent pas les autres. Mais ce qui montre surtout l'état de leur esprit.

Que faire pour échapper à la contagion ? Tomber amoureux, c'est le seul remède. Ainsi on retrouve, pour un temps au moins, la joie, le rêve, le plaisir d'être, on est « plein du silence assourdissant d'aimer ». Je le recommande à tous mes amis démoralisés.

Dimanche 27 octobre

Marek Halter était invité par la Foire du livre de Toulon. Il vient de publier un gros livre, *Le Messie*. Hommage devait lui être rendu.

Crac : voilà que le maire de Toulon, M. Le Chevallier, Front national, déclare Marek Halter indésirable. Il ne sera pas interdit de présence, non, mais l'hommage ira... à Brigitte Bardot. Que reproche-t-il à Marek Halter ? Invité par Guillaume Durand, sur LCI, il le dit sans faiblir : Marek Halter, dont il feint de ne pas pouvoir prononcer le nom, a « une vision du monde plus internationaliste, plus mondialiste qu'un attachement à une nation, à une terre nationale ».

Marek Halter a failli s'en étrangler.

Ainsi commence le fascisme. Il ne dit jamais son nom, il rampe, il flotte, quand il montre le bout de son nez, on dit : C'est lui ? Vous croyez ? Il ne faut rien exagérer ! Et puis un jour on le prend dans la gueule et il est trop tard pour l'expulser.

Lundi 28 octobre

On me demande d'écrire un « Écrivain du siècle » pour la télévision sur Anna de Noailles. Le projet est amusant, la dame alléchante dans son extravagance, le tout est payé des clopinettes – comme toujours à la télévision –, mais peu importe. Cela m'arrachera quelques jours à mes écrivasseries.

Elle a tenu une place incroyable en son siècle, cette belle créature noire comme la nuit. Au point qu'il y eut dix mille personnes à son enterrement. Quel poète pourrait aujourd'hui en réunir autant ?

Mardi 29 octobre

Petite soirée musicale chez Albina du Boisrouvray. Elle produit un jeune pianiste canadien superbement doué devant une vingtaine d'amis, chez elle. Cela a un côté délicieusement démodé, XIXe siècle, qui m'enchante. Ce devait être ainsi que se produisaient Liszt et Chopin.

Ce jeune homme, Jean Lefèvre je crois, a heureusement d'autres moyens de se faire connaître. Il vient d'enregistrer un disque aux États-Unis. Mais, en un sens, cette petite soirée le sacre.

Une petite bombe éclate *via L'Express* : Charles Hernu aurait été un agent de l'Est, stipendié par l'URSS, la Roumanie et la Bulgarie.

Des documents en apportant la preuve seraient tombés entre les mains de la DST, qui les aurait communiqués à François Mitterrand en 1992. Celui-ci, stupéfait, aurait souhaité que ces documents soient enterrés.

Peut-il s'agir de faux ? Le directeur de la DST ne se prononce pas. Le diplomate bulgare dont il est question dans ces documents dément catégoriquement qu'Hernu ait été son agent.

Hernu espion, avant de devenir ministre de la Défense ! On a du mal à y croire. Il n'a pas agi en tout cas pour des raisons idéologiques. Rien ne l'inclinait vers le communisme. Alors quoi ? L'argent ? Ses rémunérations étaient maigres, voire dérisoires, même pour un homme toujours à court. Drôle d'histoire, qui donne en tout cas à ce bon vivant coureur de jupons et patriote sourcilleux une physionomie surprenante.

Jeudi 31 octobre

Enregistrement interminable d'une interview de cinq heures pour France-Culture. On me pose des questions déjà posées cent fois, trop personnelles à mon goût. J'y réponds de mauvaise grâce avec l'impression de débiter un disque usé… Je crains que le résultat ne soit détestable, qu'il n'y ait de la rogne dans ma voix, mais je me suis laissé piéger. Tant pis pour moi.

NOVEMBRE

Vendredi 1er novembre

Toussaint grise où j'ai le remords de mal entretenir la tombe de ma famille, mon père, ma mère, mon fils…

Elle est relativement loin de Paris, je n'ai pas de voiture depuis qu'un accident grave m'a dissuadée de conduire, je… Mauvaises excuses. Mais leur vraie tombe, c'est mon cœur.

Samedi 2 novembre

L'affaire Thomson prend une curieuse allure. En cédant Thomson à J.-L. Lagardère, de préférence à Alcatel, le gouvernement a fait un choix qui ne paraît pas déraisonnable aux spécialistes.

Mais où l'affaire se gâte, c'est avec la vente au Sud-Coréen Daewoo, pour 1 franc symbolique, d'une branche importante de Thomson, Thomson Multimédia. « Ça ne vaut rien ! » s'est écrié Alain Juppé. Difficile à dire d'une entreprise qui fait 40 milliards de chiffre d'affaires, même si elle est d'autre part endettée. En tout cas, il a été mal reçu, une fois de plus. On hurle de tous les côtés.

Là-dessus, on apprend que Lagardère, qui ressemble de plus en plus à d'Artagnan, a été mis en examen pour une affaire sans rapport avec la précédente. Il est accusé de s'être enrichi aux dépens de son groupe. Cela fait mauvais effet.

La commission des privatisations devrait dire rapidement si les conditions de la privatisation de Thomson sont régulières et sans appel.

Lundi 4 novembre

Prix Femina décerné au premier tour à Geneviève Brisac pour *Week-end de chasse à la mère*. Un mauvais titre, soit dit en passant, mais un bon roman d'une jolie verve triste.

A la même heure, réunis au même endroit, les jurés du prix Médicis décernaient leur prix de l'essai à un membre du Femina, Viviane Forrester, pour *L'Horreur économique*. Et on célébra joyeusement tous ces lauriers.

Calculé que j'ai passé plus de cent heures de mon temps, depuis deux mois, à des activités bénévoles : comité de ceci, comité de cela, jury de ceci, jury de cela, conseil de ceci, conseil de cela... Ce n'est pas raisonnable du tout. Mais on se laisse happer. Curieuse matière élastique que le temps... Parfois il passe sans qu'on le voie filer, parfois il stagne, immobile, lourd, parfois je me dis que je devrais me soucier davantage d'en bien user, mais il me fond entre les doigts... A 20 ans, un mois me paraissait long, aujourd'hui il s'évanouit à peine entamé. Il y a autant de temps qu'il y a d'âges...

Des scènes tragiques se déroulent au Zaïre dont j'avoue n'avoir pas compris l'origine exacte. Toujours est-il que des réfugiés par centaines de milliers fuient les combats entre les rebelles tutsis aidés par les forces rwandaises et l'armée zaïroise désorganisée. Les organisations humanitaires ont été contraintes de partir. Famine et épidémies menacent. Les rues des villes sont jonchées de cadavres. Dans *Le Monde* de ce soir, Bernard Kouchner adjure Nelson Mandela de déclencher en urgence une intervention de pacification dans la région. Pour l'instant, la communauté internationale ne bouge pas.

Mardi 5 novembre

Élection américaine sans véritable suspense sinon – et ce n'est pas négligeable – les compositions du Sénat et de la Chambre des représentants, qui peuvent basculer à droite. Mais Clinton devrait être élu dans un fauteuil. Tous les indicateurs économiques sont au vert : emploi, productivité, salaires… Et la criminalité a baissé. Reste une anxiété diffuse concernant l'avenir, inhabituelle aux États-Unis, mais qui perdure. Et une série de « scandales » que Clinton continue à traîner comme des casseroles et qui ne s'évanouiront pas avec son élection, mais qui n'ont pas suffi à détériorer son image.

Une chose est sûre : il faut des nerfs pour devenir président des États-Unis ! Clinton en a.

Les Français observent tout cela avec une relative indifférence, et ces sentiments mitigés qu'ils nourrissent désormais à l'égard de l'Amérique. La fascination a disparu. Ils vivent sur un stock d'idées superficielles que diffuse la presse et qui rendent mal compte de la réalité du pays qu'ils assimilent aujourd'hui à la violence et à la précarité. Ce n'est pas faux mais c'est un peu plus compliqué que cela, les États-Unis… Et c'est encore très puissant.

Ce même jour, Boris Eltsine a subi un quintuple pontage coronarien. A 19 heures, on donnait l'opération pour « réussie » par une équipe russe, agissant sous l'œil d'un très célèbre spécialiste américain, Michael De Bakey…

Le plus facile a été fait. Les quarante-huit heures à venir sont les plus périlleuses, au dire des médecins. La première étape, c'était de la plomberie.

Mercredi 6 novembre

Clinton est élu. Mais il a perdu la majorité au Congrès, ce qui rend toujours la situation du président délicate pour gouverner.

Benazir Bhutto, accusée de corruption et de népotisme, a été éjectée de son poste de Premier ministre. Elle a été d'une faiblesse coupable envers un mari follement aimé, baptisé Monsieur 10 % parce qu'il percevait une commission sur tous les contrats d'équipement.

Sympathique faiblesse, sans doute, que celle de l'amour, mais fâcheuse pour un chef de gouvernement. Cette belle jeune femme, si courageuse et énergique quand elle était dans l'opposition, n'aura pas été, pour finir, un grand homme d'État. Elle a déçu son peuple, elle a perdu sa confiance. On voit mal comment elle pourrait, encore une fois, rebondir.

Jeudi 7 novembre

Grand dîner sympathique et gai chez les Sabouret. Une trentaine de personnes contentes de se rencontrer. Ivan Levaï est à ma table, au mieux de son éloquence bien connue. Depuis qu'on lui a retiré la revue de presse de France-Inter, elle est plate, décolorée. Qu'ils sont donc sots ceux qui l'en ont éjecté…

A propos de Thomson-Daewoo, il fait une petite crise de nationalisme. « Qu'est-ce qu'on garde ? dit-il. Tout fout le camp. L'électronique, la mode qui se fait maintenant à Milan et à New York, la cuisine qui s'appelle McDo… Qu'est-ce qu'on garde ? Je veux qu'on me réponde à cette question. » On garde ce qui est européen : Airbus, qui vient d'enlever une commande géante de la part d'un avionneur américain, Ariane… Il faut être européen ou mourir, voilà le vrai.

Puis nous épiloguons au sujet de la vie privée des présidents de la République. Selon un de ses informateurs bien placés et qui s'est livré à un calcul minutieux, soixante-deux dames auraient joui des faveurs de François Mitterrand le temps des deux septennats. Soixante-deux ! Bigre !

Pierre Hebey est choqué. Ni soixante-deux ni deux. Un président doit, selon lui, s'interdire ce genre de distractions, il doit se consacrer à sa tâche. Nous sommes moins sévères que lui à ce sujet. Pourquoi le gouvernement des hommes et les plaisirs seraient-ils incompatibles ? Non, non, non, dit-il, c'est immoral.

François Nourissier me raconte qu'il se débat pour obtenir la mise en œuvre de la Fondation Elsa-Triolet-Louis-Aragon qui doit élire domicile dans la propriété des Yvelines que le parti communiste avait donnée au poète. Mais, apparemment, cela achoppe quelque part. Pourtant, le ministre de la Culture, Douste-Blazy, est de bonne volonté.

Il est épatant, celui-là. Quand on lui demande ce qu'il fera après avoir été ministre, il répond : « J'ai été médecin, j'aurai été ministre, je ferai un autre métier. De nos jours, personne ne peut passer sa vie dans un seul emploi… » Nous tombons d'accord pour chanter ses louanges.

Qu'ai-je entendu encore ? Beaucoup de commentaires navrés sur le gouvernement, beaucoup d'angoisses aussi, franchement exprimées, pour l'avenir : ça va péter. Comment, quand, on ne sait pas, mais ça va péter.

La France propose la création d'une force multinationale de 5 000 hommes pour intervenir au Zaïre. On ne peut pas dire que cette proposition suscite l'enthousiasme, pour le moment, même avec la caution de l'Afrique du Sud. Pour l'heure, aucune image ne parvient en Occident de ce qui se passe là-bas.

Dimanche 10 novembre

En relisant Michelet, je tombe sur le passage où il écrit que si Louis XIV est devenu méchant en vieillissant, c'est parce que la Maintenon l'envoyait coucher avec sa femme. De là, les dragonnades, la révocation de l'édit de Nantes, etc. Alors que si elle l'avait laissé jouir de quelque jeune beauté… J'adore cette thèse.

Lundi 11 novembre

« La déconfiture du pouvoir… » Ce mot, lancé par l'ineffable Pasqua, a fait mouche. Mais que signifie « déconfiture » au juste ? Je cherche dans le Littré : « Défaite totale et complète. » Il faut bien dire qu'il y a de ça. Pasqua connaît son français.

Je travaille sur un livre de souvenirs qui ne verra peut-être jamais le jour parce que je me fais mal en l'écrivant. Qui a envie de penser à son enfance ? Pas moi, en tout cas. Se souvenir, c'est s'écorcher… Quant aux bons souvenirs, ce sont des bijoux perdus.

Mercredi 13 novembre

Les États-Unis ont donné leur accord pour une intervention au Zaïre. Une force multinationale de 5 000 hommes devrait donc être formée, commandée par un officier canadien. Tout arrive, même ce qu'on espère.

Prix Goncourt à Pascale Roze pour *Le Chasseur Zéro*. Un premier roman, non sans qualités. Encore un qui échappe à Galligrasseuil… Il a fallu la voix du président du jury, qui compte double lorsqu'il y a blocage, pour que le résultat soit acquis. Les éditeurs qui ont refusé de publier le livre sont furieux.

Jeudi 14 novembre

La nouvelle de l'accord américain pour une intervention au Zaïre, donnée par *Le Monde*, était prématurée. Pour le moment, c'est une mission d'évaluation des besoins que les États-Unis envoient là-bas. Washington réserve toujours sa décision sur une participation à une force internationale.

Vendredi 15 novembre

Conseil de l'ordre des Arts et Lettres. Nous sommes réunis pour décerner des décorations : chevaliers, officiers, commandeurs.

Je ne connais pas l'origine de cette décoration, je ne sais pas qui l'a créée, mais aujourd'hui c'est un hochet qui sert à des fins politiques. Étrangement, les gens qui croient pouvoir y prétendre se battent pour l'obtenir, les interventions pleuvent… Il faut trier. Nous trions.

Dimanche 17 novembre

J'étouffe dans ma maison, tous volets clos, emmaillotée de toiles pour cause de ravalement. C'est purement psychologique mais oppressant.

En récapitulant les sujets dont je me servirai pour ma chronique dans *L'Obs*, je m'aperçois que la plupart sont creux et que je n'en tirerai rien de bon.

Ah ! il y a cette histoire des chanteurs de NTM, condamnés à trois mois de prison par un juge de Toulon pour outrage à la police... Il faudrait retrouver une chanson anarchiste du siècle dernier, que la justice de l'époque ne se donna pas le ridicule de sanctionner... Je fouille dans ma bibliothèque. Miracle : en voici une d'Aristide Bruant : « D'abord faut plus de gouvernement, puis faut plus non plus de République, plus de Sénat, plus de Parlement... Plus de lois, plus d'armée plus d'Église », etc.

Cela me fera bien deux paragraphes. Est-il bête, ce juge !

Repéré aussi un portrait télévisé de Philippe Séguin avec sa grande gueule triste qu'illumine brusquement un sourire... Pas grand-chose à en dire, mais il se terminait par une bonne formule : « Ma mélancolie, c'est de voir que mon pays ressemble de moins en moins à ce que je voudrais qu'il soit. »

Lundi 18 novembre

Renoncé à comprendre ce qui se passe exactement au Zaïre et au Rwanda. Pas un journal, à ma connaissance, n'a pris la peine de reprendre l'affaire depuis le début et d'en expliquer les racines et les épisodes. C'est de l'information à la française, dans toute sa légèreté... Quant à la télévision, elle fait de l'impressionnisme. Mais de l'information, point.

On croit comprendre que la catastrophe humanitaire annoncée ne s'est pas produite et qu'il n'est plus question d'envoyer une force armée. Mais pourquoi ces masses humaines se sont-elles mises à déferler ?

Mardi 19 novembre

Incroyable farce ! Un magistrat, M. Davenas, est parti en vacances en laissant à son adjoint, M. Dujardin, le soin de ses affaires. A peine avait-il le dos tourné que cet adjoint a ouvert une information sur Mme Tiberi pour détournement de fonds publics. Affolement au ministère de l'Intérieur, à la Justice. Il faut stopper cela, c'est-à-dire récupérer M. Davenas pour qu'il arrête les initiatives de son subalterne. Las ! M. Davenas est dans l'Himalaya, où il fait de l'alpinisme. Qu'à cela ne tienne : on lui envoie un hélicoptère. Mais l'Himalaya est vaste et M. Davenas introuvable. Et l'affaire a suivi son cours.

C'est peu de dire que tout cela fait rire, comme toujours le ridicule.

Cinq heures d'entretien sur les Wagner avec un musicologue de la radio suisse romande, qui diffuse régulièrement une sorte d'histoire de la musique. Sympathique, intelligent, posant de bonnes questions. Mais il est arrivé avec un appareil d'enregistrement hautement perfectionné et défaillant. A sa grande honte, il lui a fallu courir en chercher un autre au siège parisien de la station. J'ai bien aimé que ces choses-là arrivent avec du matériel suisse.

Mercredi 20 novembre

Petite cérémonie tout à l'heure à la mairie du XVIIIe arrondissement pour inaugurer une exposition consacrée à Clemenceau, qui fut maire de Montmartre.

Un discours ? Non, non, pas de discours, je vous en prie. Toujours cette phobie… Et puis j'ai eu honte de me défiler. Et me voilà en train d'écrire quelques feuillets de circonstance que je vais débiter en tremblant. Ce n'est pas une image : quand il me faut parler en public, je tremble. Mais cette fois je vais te mater, carcasse ! Enfin, je vais essayer…

Des choses pénibles et graves se passent en Belgique. Deux ministres, dont l'un vice-Premier ministre chargé des Finances, numéro 2 du gouvernement, sont accusés de pédophilie. Rien de moins. Pour l'heure, rien n'est moins sûr. Tout au plus a-t-on cru comprendre qu'ils seraient homosexuels et victimes de l'appel à la délation lancé par un juge d'instruction à la suite de la sinistre affaire Dutroux. Aussi bien, ce n'est pas un crime et ils ont droit au respect de leur vie privée. Mais les voilà jetés aux chiens, livrés à la vindicte publique, carrière brisée…

La coalition gouvernementale va probablement éclater. La Belgique est malade de ses enfants assassinés.

Jeudi 21 novembre

Valéry Giscard d'Estaing fait sensation en déclarant qu'il faut dévaluer le franc. Il ne le dit pas ainsi, mais il le dit tout de même, alors qu'il a toujours soutenu le contraire.

Son autorité politique s'est considérablement affaiblie. Néanmoins, ses propos vont sans doute cristalliser des opinions convergentes. Le débat récurrent sur la monnaie va s'en nourrir.

Vendredi 22 novembre

L'Opéra est en grève. Donc, pas de *Lohengrin*, comme nous en avions le projet avec Pierre Chevalier. Je le regrette à moitié tant le spectacle est long – quatre heures – et parfois ennuyeux. Il faut s'accrocher !

Nous voici donc en train de dîner tranquillement au lieu de déguster du cygne.

Nous parlons de musique, bien sûr, et Pierre me raconte cette chose étonnante : Pierre Boulez vient de faire une tournée en Amérique latine avec l'Ensemble intercontemporain. Il partait sans enthousiasme, pensant qu'il jouerait devant deux pelés et un tondu, compte tenu de son programme : musique moderne, et encore musique moderne. Stupeur ! D'un bout à l'autre de son voyage, il a rencontré des auditoires nombreux, enthousiastes, il a dû tripler certains concerts.

Maintenant, il va prendre une année sabbatique pour composer. A 71 ans, il est encore plein de force.

Samedi 23 novembre

Cérémonie du Panthéon dans deux heures. J'aimais fort André Malraux, je le connaissais bien, j'ai eu avec lui vingt conversations passionnantes – c'est-à-dire qu'il parlait et que j'écoutais –, il m'est même arrivé de lui offrir des cravates, mais le flot de littérature et d'images que sa panthéonisation a déclenché, j'en ai ras les oreilles. Ooomph ! Et à l'idée d'aller entendre encore deux discours tout à l'heure, j'ai envie de me cacher plutôt que d'aller me glacer les os. Mais refuse-t-on le privilège de rendre hommage à Malraux dans son ultime flamboyance ? Évidemment non.

Dimanche 24 novembre

Deux heures figés, debout, dans un froid de loup. Un petit supplice que ce Panthéon… Ministres ratatinés, écrivains recroquevillés, emmitouflés dans des couvertures gracieusement distribuées, nez rouges, faces blêmes, nous devions avoir fière allure, serrés les uns contre les autres dans les tribunes. Et Jean d'Ormesson qui n'avait même pas de manteau, ce fou… On entendait les dents claquer.

Tout de même, il y eut de l'émotion quand surgit sur le parvis le cercueil déposé entre quatre chats monumentaux. Lors des obsèques, dans la cour Carrée du Louvre, il y a vingt ans, j'avais fait placer un petit chat égyptien superbe, en veilleur. Certains gaullistes en avaient été choqués. Mais il était l'ami des chats, même ceux qui courent les gouttières. Il n'était pas snob, Malraux.

Le savoir enfermé dans une boîte, lui qui entra vivant dans tous les grands incendies de l'histoire, petit tas d'os pour l'éternité.... Ô tristesse...

Enfin vint le discours que l'on attendait et que chacun crut devoir écouter debout. Parler en ce lieu après Malraux parlant de Jean Moulin, rude épreuve pour Jacques Chirac. Il a su n'être ni lyrique ni vibrant, mais seulement décent. Bref, il s'en est sorti le mieux possible : par la sobriété.

Assise à côté de Jacques Toubon au dîner qui suivait la cérémonie, je l'ai un peu chatouillé sur l'affaire Tiberi, sur l'affaire NTM... De Xavière Tiberi, il dit : « C'est peu de chose et c'est désastreux... » Pour NTM, malgré des réactions hostiles dans la majorité, il est content d'avoir fait appel du jugement qui condamne les chanteurs... Faussement humble, il dit : « Le ministre de la Justice n'a aucun pouvoir sur la machine judiciaire, mais tout est de sa faute. »

C'est le sort même des ministres.

Lundi 25 novembre

Le maire de Nice, ancien FN converti au RPR, a organisé dans sa ville, hier, un référendum pour ou contre la mendicité. Il a obtenu… 75 % d'abstentions, ce qui est à l'honneur des Niçois, et 10 ou 15 % d'approbations.

Réalise-t-on bien ce qu'il y a de scandaleux dans une telle consultation ? Comment un préfet a-t-il pu l'autoriser ? Dehors les mendiants, on ne veut plus de vous, allez crever ailleurs… L'exclusion ? Jamais entendu parler !

On a honte.

Les routiers ont entamé leur deuxième semaine de grève dans un climat inquiétant. L'approvisionnement des villes en carburant est pratiquement suspendu. Celui des marchandises est perturbé. Paris, tenu jusqu'à présent à l'écart du mouvement, est menacé. Et on ne voit aucune bonne raison pour que ça s'arrête.

Ces hommes sont excédés. Ils travaillent douze heures par jour sans supplément de salaire, ils ne sont jamais chez eux. Ils ne réclament pas des choses exorbitantes : la retraite à 55 ans et le paiement de toutes les heures d'immobilisation, qu'ils soient au volant ou en attente.

Autrefois, avant 1936, il existait ce qu'on appelait le « principe d'équivalence ». On considérait par exemple que les vendeuses ne vendaient pas tout le temps, que les garçons de café ne servaient pas tout le temps, et qu'en conséquence il fallait décompter ces haltes de leur temps de travail. D'où les journées de dix et douze heures…

C'est ce principe qui joue encore pour les routiers. Le public est avec eux. Le gouvernement, pressé d'en finir, a nommé un médiateur entre leurs organisations et les patrons. Mais ceux-ci ne veulent rien savoir et entendent faire payer à l'État les concessions qu'il pourrait faire. Sans doute y a-t-il parmi eux des entrepreneurs modestes dont les affaires ne sont pas brillantes, mais le principe est inacceptable – et d'ailleurs non accepté.

Plusieurs fois interrompues, les négociations ont repris ce soir. Des cheminots ont déjà entrepris une grève de solidarité. Si ces négociations n'aboutissent pas, toute cette affaire peut prendre des proportions dramatiques. La route, que l'on a développée de façon délirante, a déjà tué le rail. On s'aperçoit maintenant qu'elle n'est même pas rentable sans une exploitation forcenée des salariés. Beau résultat, en vérité.

A Dreux, grâce au désistement du candidat socialiste, c'est le représentant RPR de la majorité, député sortant, M. Hamel, qui est élu avec 60 % des voix. La candidate du Front national, Mme Stirbois, a réuni 39 % des suffrages. Certes, ce n'est pas une victoire. Mais ce n'est pas non plus une telle défaite que l'on ne puisse se féliciter.

Cela promet des jours heureux lors des prochaines législatives.

Mercredi 27 novembre

Quelquefois, dans le cadre de mes chroniques pour *L'Obs*, il m'arrive de blesser l'un ou l'autre. C'est inévitable, sauf à s'autocensurer. Mais cela m'est arrivé deux fois ces dernières semaines, aux dépens de deux journalistes qui me sont chères, Christine Ockrent et Anne Sinclair. La première avait invité Le Pen, la seconde Jimmy Goldsmith, j'ai tiré mon revolver. Elles n'ont pas aimé, évidemment, et je les comprends.

Fallait-il plutôt pratiquer ce que j'appelle la « complicité des gens en place » – Je te ménage tu me ménages, je te flatte tu me flattes, je te sers tu me sers – qui régit les rapports d'une certaine société parisienne ? Elle m'est étrangère.

Donc je les ai l'une et l'autre heurtées. J'en suis triste. Mais si elles recommencent demain, je recommencerai, parce que la plume libre ne doit être attachée par aucun lien, pas même ceux de l'amitié. Ou alors elle se corrompt.

Jeudi 28 novembre

Reprise en main manifeste de l'information à la télévision. La Une a carrément évacué son commentateur politique, Gérard Carreyrou, coupable de « balladurisme » pendant la campagne présidentielle, et ne l'a pas remplacé. France 2 marche sur des œufs entre deux réprimandes de l'Élysée ou de Matignon.

Toujours cette illusion que la télévision fabrique l'opinion et les mauvais sondages… Il est vrai que ceux-ci atteignent des abîmes inexplorés jusqu'à ce jour.

Une femme est élue bâtonnier de l'ordre des avocats, à Paris, ordre conservateur s'il en est. Je ne sais si on l'appellera Mme le Bâtonnier ou Mme la Bâtonnière, mais, en tout cas, Dominique de la Garanderie vient de réussir, à 53 ans, une première.

Vendredi 29 novembre

Pour finir, aucune force armée ne sera envoyée au Zaïre, qui n'en veut pas. Après les cris d'alarme, l'information sur ce qui se passe là-bas est toujours aussi floue. Seuls des largages de vivres auront lieu.

L'Algérie a voté massivement en faveur d'une nouvelle Constitution qui concentre tous les pouvoirs entre les mains du président Zeroual. Elle consacre l'islam religion d'État et interdit les partis islamistes et régionaux. Elle ne touche pas au code de la famille, qui met les femmes en tutelle absolue.

La Kabylie a boudé la consultation mais, dans l'ensemble du pays, les consignes de boycottage données par l'opposition n'ont pas été suivies.

Et maintenant ? Follement, les Algériens espèrent… Ils espèrent qu'un « pouvoir fort » éradiquera enfin le terrorisme. On voudrait y croire, on le voudrait tellement…

Routiers : rien ne bouge. Les négociations achoppent sur les salaires. Le gouvernement peut opérer par décret modifiant le calcul du temps de travail, le fameux principe d'équivalence. Il va probablement s'y résoudre.

La Cour de cassation a rendu un arrêt sans ambiguïté au sujet des adversaires de l'IVG. Contrairement à ce que ceux-ci prétendent, le fœtus n'est pas assimilable à un enfant déjà né et l'IVG ne contredit donc en rien la Convention européenne des droits de l'homme ni celle des droits de l'enfant. Ainsi, les commandos anti-IVG qui développaient cette thèse ne pourront plus être relaxés.

C'est eux-mêmes qui avaient saisi la Cour de cassation après avoir subi quelques condamnations. Les voilà déboutés.

Samedi 30 novembre

Éliane a envie que nous organisions un petit réveillon à la maison le 31 décembre. Je renâcle. Pas vraiment envie de faire la fête.

DÉCEMBRE

Dimanche 1er décembre

Les routiers, c'est fini. Revendications satisfaites. Il n'était que temps d'en finir avec des conditions de travail archaïques. Mais pourquoi faut-il toujours, en France, que les choses explosent au lieu qu'on les prévienne…

Lundi 2 décembre

Hourra ! La France a gagné la coupe Davis dans d'ultimes rencontres contre la Suède. Pas eu le temps de regarder, hier, le match décisif, qu'Arnaud Boetsch a enlevé à l'arraché contre Nicklas Kulti… Il a eu de la chance, sans doute, que son adversaire n'ait pas été Edberg, blessé, mais la chance fait partie du jeu et ce Kulti n'est pas n'importe qui.

Aujourd'hui, c'est la joie. C'est aussi la fête à Noah, dont le talent de capitaine a fait merveille… Les vainqueurs défileront demain aux Champs-Élysées. Nous avions bien besoin de cette gâterie.

Officiel : le parti socialiste présentera cent soixante-sept femmes aux prochaines élections législatives, dont quarante dans de « bonnes » circonscriptions. Quarante élues, ce serait une belle « première ». Et rien n'interdit aux autres partis d'en faire autant…

J'ai toujours observé le principe des quotas avec circonspection tant il appelle de réserve, mais le corps politique est tellement misogyne qu'il faut bien le violer un peu !

Quelques candidates iront probablement au casse-pipe – contre Balladur, contre Giscard, contre Juppé – dans des circonscriptions imprenables par la gauche, mais elles s'y feront les griffes et les dents.

Les femmes auront-elles plus de pouvoir parce qu'elles seront plus nombreuses à l'Assemblée ? Quel pouvoir et pour quoi faire ? C'est une autre histoire, que je vais de ce pas écrire pour *L'Obs*, où l'on s'impatiente en attendant mon papier. Les trois femmes qui ont durablement exercé le pouvoir, Indira Gandhi, Golda Meir, Margaret Thatcher, ont toutes les trois fait la guerre. Un détail qui doit préserver des conclusions hâtives.

Immenses manifestations à Belgrade contre Milosevic, qui a décidé d'annuler les résultats d'élections municipales favorables à l'opposition. C'est ce qu'on appelle être démocrate ! Ces élections me déplaisent, donc je les tiens pour nulles et non avenues.

Les menaces de répression ne découragent pas les manifestants, principalement des étudiants, qui défilent sous la neige…

Les États-Unis ont demandé à Milosevic de « ne pas utiliser la force sous quelque forme que ce soit ». Peut-il avaler son chapeau ? C'est toute la question. Les dictateurs ont rarement le goût de ce genre d'exercice. Mais, à moins de tirer sur la foule, il ne la fera pas rentrer chez elle. Pour le moment, tous les médias sont muselés.

Mercredi 4 décembre

Abominable attentat dans le métro, à Paris, semblable à celui qui eut lieu en 1995. Deux morts, de nombreux blessés très atteints, des gens traumatisés… L'horreur.

Cela rend méchant. On voudrait tenir les auteurs de cet acte infâme et leur crever les yeux, leur couper bras et jambes, rendre œil pour œil, dent pour dent, les souffrances qu'ils infligent. On a la haine.

On voudrait comprendre aussi. Qu'espèrent-ils en prenant la France pour cible ? Mais tout cela est hors du champ du rationnel. Le sûr est qu'ils nous ont déclaré la guerre, la guerre du terrorisme, celle des lâches.

Jeudi 5 décembre

Ma fidèle Blanche est consternée. Objet de son affliction : la vente de l'hôtel George V à un prince saoudien. En quoi cela la concerne-t-il ? « On aura plus rien, en France, Madame, les étrangers vont tout nous prendre… »

« Qu'est-ce qu'on garde ? Je veux qu'on me dise ce qu'on garde ! » disait l'autre jour Ivan Levaï, à qui j'ai fait écho ici.

J'ai consolé Blanche non sans peine. Elle est démoralisée.

Thomson : tout est à recommencer. La commission des privatisations a donné un avis défavorable – fait sans précédent – à l'offre de reprise par Lagardère. Daewoo le Coréen, écarté du même coup, est furieux. Alcatel va de nouveau pousser ses pions.

Depuis le jour où il a fait connaître sa préférence pour Lagardère, le gouvernement s'est noyé dans une polémique politico-industrielle peu banale. Entre l'opposition des salariés de Thomson Multimédia au rachat par Daewoo, les doutes de la commission, les démêlés judiciaires de Lagardère, et enfin l'histoire du vrai-faux rapport qui aurait fait basculer Chirac dans le camp de Lagardère, la situation était devenue pour le moins confuse… Alain Juppé a repris ses billes. Il lui reste maintenant à les mieux jouer.

Vendredi 6 décembre

Événement : c'est une femme de 59 ans, Madeleine Albright, que Bill Clinton a choisie comme ministre des Affaires étrangères – secrétaire d'État, comme on dit là-bas. 59 ans, d'origine tchèque, une forte expérience, un tempérament de fer.

Elle va avoir immédiatement quelques casseroles brûlantes sur le feu. Son credo : toute son éducation s'est faite contre l'esprit de Munich, c'est-à-dire le compromis à tout prix.

Samedi 7 décembre

Qu'est-ce qu'elle a fait au juste, Mme Tiberi, pour être mise en examen ? Si l'on a bien compris, elle a touché 200 000 francs pour rédiger un rapport vaseux sur un sujet vaseux. Et le juge d'instruction a comme l'impression que, de surcroît, elle l'a copié quelque part... Ce serait en somme un gros cadeau que lui aurait fait le conseil général de l'Essonne en lui commandant ce travail. Fâcheux, assurément, si cela se confirme. Fâcheux surtout parce qu'elle est l'épouse du maire de Paris. On a peine à croire qu'elle est dans le besoin...

Plus fâcheux encore, les griefs faits à Louise-Yvonne Casetta, la femme forte du RPR, celle qui tenait les cordons de la bourse. Là, on l'accuse carrément de chantage aux entrepreneurs de travaux publics pour remplir ses caisses. Un marché, un pourboire, et consistant s'il vous plaît.

Le RPR va-t-il périr par les femmes ?

Lundi 9 décembre

Dans le cadre du ravalement de mon immeuble, des ouvriers sont venus déposer toutes les fenêtres qu'ils doivent ajuster. Et je grelotte. Et j'ai un rhume géant, contracté au Panthéon, qui refuse de céder.

Je tourne en rond chez moi, comme un chat mouillé. Quelle invention géniale, les fenêtres... Et pas tellement ancienne. Je cherche à la dater exactement mais n'y arrive pas. J'essaie de penser à autre chose et je n'y arrive pas non plus. J'attends Albina pour déjeuner. Vais-je la faire geler sur place ? Un restaurant fera l'affaire, mais Blanche gémit : son gigot – elle a fait un gigot –, que va-t-il devenir ? On le mangera froid, Blanche, ou on ne le mangera pas. Lâchez-moi les baskets avec votre gigot ! Allons bon ! Voilà que je deviens désagréable... Se calmer. Et pour se passer les nerfs, aller invectiver le chef des travaux qui a eu l'idée de faire faire ceux-ci en plein hiver. Je vais lui vider mon sac.

Albina me raconte qu'elle descend de Mazarin par l'une des nièces du fameux cardinal, dont la fille a épousé un Polignac, tandis que par sa mère elle est issue du fameux Patiño, l'empereur de l'étain. Mazarin plus Patiño, pas étonnant que le mélange soit détonant ! Mais elle ne l'emploie qu'à bon escient : pour sauver des enfants à travers le monde.

Mardi 10 décembre

Situation stationnaire sur le front des fenêtres. Je ne peux pas travailler, les coups de marteau m'interdisent de dormir. Bon ! Allons au cinéma. Au moins, il y fera chaud.

Mercredi 11 décembre

Émoi dans le Landernau des journalistes : l'intervention de Jacques Chirac, demain soir, sera diffusée exclusivement par la Une et sa filiale LCI. Aucun journaliste des chaînes publiques n'a été désigné parmi ses cinq interlocuteurs.

Il faut bien dire qu'elles sont étranges, ces mœurs élyséennes où le grand vizir choisit qui l'interrogera... Jacques Chirac n'est pas le premier. De Gaulle avant lui et François Mitterrand en ont fait autant. Il faut bien dire aussi que cela ne nous fera pas de mal de changer de têtes, au lieu d'être abonnés toujours aux mêmes. On rajeunit les cadres, en somme.

Mais les journalistes de France 2 et de France 3 sont amers.

Peu importe en vérité si les bonnes questions sont posées. Et surtout, surtout, si les bonnes réponses sont données. C'est peu de dire qu'elles sont attendues.

La contestation se poursuit en Serbie, où les manifestants continuent de défiler par milliers, mais elle n'a pas de relais politiques tant l'opposition à Milosevic est divisée et mal organisée, sans chef réel.

Tout peut arriver. Un compromis, de nouvelles élections municipales ou un affrontement sanglant.

Vendredi 13 décembre

Titre de *Libération* qui résume la prestation de Jacques Chirac : « C'est tout ? » Eh oui ! La montagne a accouché d'une souris.

On attendait des décisions, des perspectives d'avenir, une philosophie de l'action, que sais-je ? On a eu un lamento sur le conservatisme des Français qui paralyse les réformes. On pensait à la phrase fameuse de Brecht : « Il faut changer de ceci, il faut changer de cela, et, si ça ne marche pas, il faut changer de peuple. »

Il y avait, en vérité, quelque chose de pathétique dans le constat que Jacques Chirac faisait lui-même de son impuissance. Comme si, se regardant présider, observant les résultats, il se demandait : Mais pourquoi est-ce que ça ne marche pas ? Car il nous a fait grâce du couplet de rigueur sur l'optimisme qui régnerait sur la France sans les méchants médias. Il sait que ça ne marche pas. Et il va, comme l'héroïne de Godard, répétant : « Qu'est-ce que j'peux faire ? J'sais pas quoi faire... » Ah ! si. Il va faire une commission pour réfléchir sur les affaires de justice. Ça ne mange pas de pain, comme on dit.

Pathétique, vous dis-je. Et même vertigineux. L'impression d'être dans un avion sans pilote. Il nous prenait à témoin. N'est-ce pas qu'il n'y a rien à faire avec ces Français conservateurs ? Où étaient le message fort qu'il devait nous envoyer, le chemin qu'il devait tracer, le cap qu'il devait indiquer ? A l'exception – notable – de l'Europe, à propos de quoi il est ferme, de cap, point. De chemin qui nous sorte du chômage, pas davantage.

Et quand on lui dit : « Peut-être que si vous changiez de Premier ministre... », il se récrie : Ah non ! Surtout pas ! Il le garde !... Plus conservateur que lui, tu meurs.

Jamais prestation présidentielle n'aura été plus démoralisante et plus étrangère à son objet : ressaisir les esprits.

Samedi 14 décembre

Coup de froid, ciel bleu glacé. Ce n'est pas sans charme. Heureusement, depuis hier j'ai récupéré mes fenêtres.

Les ouvriers menuisiers qui ont fait les travaux étaient charmants, sympathiques, gais. J'avais envie de les inviter à déjeuner mais chacun avait sa gamelle, avec une lampe pour la réchauffer. Ils ont accepté un café. Nous avons bavardé. Résumé de notre bavardage : « Juppé, *out*. Il est nul celui-là. » Pas osé leur demander comment ils ont voté.

Après-midi foie gras, avec Micheline. Nous les fabriquons ensemble. C'est notre contribution personnelle aux agapes de fin d'année. Il faut dire qu'ils sont fameux, nos foies gras… Rien de tel ne se trouve dans le commerce.

Dimanche 15 décembre

Courses de Noël, pour la famille, pour les amis. Peu de monde, relativement, dans les magasins. Mes garçons, petits et grands, sont devenus coquets. Ils veulent parmi d'autres choses des habits. Va pour les habits. Tant qu'ils ne me demandent pas de jeux vidéo… Le plus petit, 11 ans, en est déjà à Internet, à quoi il est initié à l'école, et il m'a prise de haut quand j'ai avancé, devant lui, que l'usage d'Internet était bien décevant ! J'ai eu droit à la commisération du spécialiste.

J'envoie mon chèque aux Restos du cœur, avec le sentiment soudain de son insignifiance par rapport à ce que je viens de dépenser en cadeaux. Du coup, je triple la somme. Ils sont si courageux, si efficaces aux Restos du cœur… Et le nombre de leurs « clients » ne cesse d'augmenter, sinistre marée noire de misère qui recouvre le pays.

Je bavarde à ce propos avec Marin Karmitz, et nous nous étonnons. Autrefois, les grands capitalistes étaient peut-être, étaient sûrement paternalistes, mais ils créaient des logements, des écoles, des crèches, des hôpitaux… Voir les Wendel. Les Rothschild. Leur fortune leur donnait des devoirs vis-à-vis de la collectivité et ils les remplissaient, avec panache. Aujourd'hui, pas un de ces milliardaires, dont on nous rebat les oreilles, pour attacher son nom à une œuvre de quelque dimension. Que font les Lagardère, les Pineau, les Arnault ? Qu'il ait fallu un saltimbanque, Coluche, pour inventer les Restos du cœur est significatif de leur carence. Encore Bernard Arnault finance-t-il des expositions. C'est probablement meilleur pour l'ego qu'un Samu… Mais que vaut Cézanne pour un sans-abri ?

Lundi 16 décembre

Dans l'autobus, un gros homme très lourd m'a marché sur le pied. Pas de sa faute : ce sont les coups de frein furieux des conducteurs qui déséquilibrent les passagers dès qu'ils sont debout. Il y a quelque chose qui ne va pas dans ces autobus parisiens…

Résultat pratique : un hématome sous l'ongle et une vive douleur. Heureusement que je ne compte pas aller danser pour le réveillon…

Le commissaire-priseur, Me Trajan, qui mettait en vente le tableau de Van Gogh resté sans acquéreur, a une explication à ce phénomène : par les temps qui courent, personne n'a envie de proclamer qu'il peut dépenser 50 millions pour s'acheter un tableau. Il se peut bien que cette explication soit la bonne. Le sûr est que, aux États-Unis ou en Grande-Bretagne, les acheteurs éventuels n'auraient pas eu ce genre d'état d'âme. Nous n'avons pas ici le même rapport avec l'argent.

Mardi 17 décembre

Le chef de la principale organisation nationaliste corse, la Cuncolta, François Santoni, chef présumé du FNLC Canal historique, s'est livré à la police. Sa compagne, une avocate, militante fort active aux commandes de l'organisation, Marie-Hélène Mattei, avait été arrêtée.

D'où vient ce miracle ? Le patron du golf de Sperone, qui faisait l'objet d'une tentative d'extorsion de 4 millions, a refusé de payer l'« impôt révolutionnaire ». Sa maison a sauté. Il a dénoncé les collecteurs de fonds. La loi du silence brisée : grande première. La filière remontée met en cause directement Marie-Hélène Mattei.

Les terroristes auront commis un racket de trop.

Dîné avec François Jacob. Il me raconte qu'en rentrant chez lui l'autre soir, dans un quartier tranquille, il a été agressé par deux jeunes gens qui lui ont pointé un couteau sur la poitrine et un autre dans le dos en lui réclamant de l'argent. Il a donné ce qu'il avait dans son portefeuille. Les deux lascars ont filé. Commentaire de François Jacob, sobre : « Ça a été extrêmement désagréable. »

Triste façon, pour Paris, de se mettre à l'heure de New York.

Mercredi 18 décembre

Tornade médiatique déclenchée par le maître à penser de l'Élysée, Jacques Pilhan, en faveur du livre d'Alain Juppé, *Entre nous*. Il s'agit de rien de moins que de reconquérir la faveur des Français en mettant ses tripes sur la table. Le procédé a au moins la vertu d'être original de la part d'un Premier ministre.

Pourquoi Alain Juppé n'est-il pas aimé ? C'est la question qu'il se pose en 120 pages attendrissantes, à certains égards, tant il se sent victime d'une injustice. « Comme tout homme qui se projette sur le devant de la scène, écrit-il, j'ai besoin de reconnaissance, de considération et même d'affection. » Hélas ! Tout cela lui fait défaut et il en a cruellement conscience. « Je bats tous les records d'impopularité. Aurais-je failli ? Ce qui est sûr, c'est que j'en prends plein la gueule. » Et il énumère les griefs qui lui sont faits pour dire combien ils sont injustes, mal fondés, combien il est dur d'être un objet de constant dénigrement.

Alain Juppé écrit bien. Et à ces pages qui lui sortent du cœur, on n'a pas envie de répondre par la raillerie. C'est un homme meurtri qui se déshabille. Il souffre, c'est manifeste, et c'est plutôt la compassion qu'il appelle.

On s'interroge cependant. Est-il bon pour un Premier ministre d'être objet de commisération ? On le voudrait plutôt objet de respect.

Jean Dutourd a prononcé devant l'Académie française un éloge de la Serbie reproduit par *Le Figaro*. Il en ressort que les Serbes sont des petits saints et que seule une conjuration d'esprits faux, manipulés par les médias, a pu faire voir des méthodes barbares dans de simples actes de guerre. En conséquence, il est outré par l'existence du tribunal de La Haye qui prétend poursuivre les coupables de crimes commis contre l'humanité.

Scandalisé parmi d'autres, Jacques Julliard me téléphone en disant : « Il faut que vous répondiez. Vous avez une tribune dans *Le Figaro*, c'est à vous de répondre. » Rompue par une queue de grippe, j'hésite. « Enfin, vous n'êtes pas écœurée ? – Si. Au-delà. – Alors !... » Alors je faxe deux feuillets au *Figaro*. Ce ne sont pas les meilleurs que j'aurai écrits mais, enfin, l'essentiel y est dit. J'aurai rempli un devoir qui devrait être sacré vis-à-vis des martyrs de Srebrenica, de Zepa, de Goradze.

Pendant que Dutourd prononçait sa diatribe devant ses confrères de l'Académie, un homme s'est levé et il est sorti. Un seul. Mais il suffit parfois d'un seul pour que l'honneur soit sauf. L'historien Jacques Le Goff a sauvé l'honneur de l'assistance inerte.

Jeudi 19 décembre

Dans un sursaut de bon sens, l'Assemblée a enterré l'amendement voté par le Sénat au sujet de l'impôt de solidarité sur la fortune. Il s'agissait d'une disposition concernant quelque mille patrimoines d'au moins 15 millions de francs, qui revenait à plafonner pour eux le montant de l'impôt.

Le projet avait été annoncé par Jacques Chirac. Devant les déchirements qu'il a provoqués au sein même de la majorité, le gouvernement a fait en toute hâte machine arrière. Il y avait une gaffe à commettre, il s'en est tiré à temps.

Vendredi 20 décembre

Marcello Mastroianni est mort, à 72 ans. Vieux ou jeune, il n'a cessé d'être adorable. Il avait le charme, la séduction, l'intelligence, l'humour et, dans ses dernières années, une lassitude qu'il parvenait à rendre comique. Nul ne s'est moins pris pour une vedette que ce très grand acteur. Ciao, Marcello…

Prise d'otages spectaculaire à Lima : tous les invités de l'ambassadeur du Japon à une réception. Soit plus de trois cents personnes. Pour le moment, on négocie… Mais les vingt-trois assaillants n'ont pas l'air précisément accommodants.

Pachatte, ma petite chatte, est malade. La grippe des chats. Elle éternue, elle tousse, elle me fait peine, ma tendre petite bête. Le vétérinaire va l'héberger quelques jours et me promet qu'il va la remettre sur pattes.

Mardi 24 décembre

Pris une petite semaine de repos complet en Normandie, où il pleut, comme il se doit. L'ennui est que le repos me fatigue, comme si un ressort se détendait et me laissait flapie.

Passé cinq jours enfoncée dans un fauteuil à relire *Anna Karénine*, avec un vague coup d'œil aux journaux.

– Robert Hue a été lâché par quelques poids lourds – Philippe Herzog, Louis Vianney –, le PCF craque dans ses vieilles coutures. Un bien ? Un mal ? Pour qui ? Je n'en sais rien.

– L'Assemblée a durci la loi sur l'immigration devant une salle vide, où seul le courageux Pierre Mazeaud a osé élever la voix. Chacun ne voit que le bout de son mandat, en 98, et songe à plaire chez lui.

– Au Pérou, ça ne s'arrange pas du tout.

Une information horrible me tire de ma torpeur : la femme de Daniel Toscan du Plantier, le producteur, a été assassinée dans un village d'Irlande où elle passait quelques jours seule. Crime mystérieux. Une voisine a trouvé son corps sur un chemin, près de sa maison, la tête défoncée. C'était une adorable jeune femme.

Mercredi 25 décembre

Dîner familial succulent après l'ouverture des cadeaux accumulés sous l'arbre. Je n'aime pas Noël, avec ses guirlandes et sa gaieté factice. Mais cette petite cérémonie est toujours joyeuse, grâce au plaisir des enfants. Enfants gâtés, enfants comblés, mais non blasés, et qui savent dire leur joie, fût-ce devant une babiole. De bons enfants qui me plaisent bien.

A Belgrade, la manifestation organisée par le pouvoir s'est heurtée à celle de l'opposition. Un mort, tué à coups de bâton, quelques blessés. Milosevic a raté son coup. Du moins ce coup-là. Mais cette affaire n'est pas finie…

Le pape a tonné. Et quand il tonne de la sorte on ne peut que l'applaudir. Enfin quelqu'un pour dire haut et fort que l'attitude de la communauté internationale abandonnant à leur détresse le Rwanda et la région des Grands Lacs est pure abomination. « L'un des drames humanitaires les plus cruels de l'Afrique se joue dans l'indifférence générale, dit Jean-Paul II. Personne ne peut rester indifférent à ce scandale… » Sans doute. Mais personne ne lève le petit doigt. Dès lors qu'il n'y a pas quelques images atroces pour émouvoir, l'Afrique, c'est loin et, savez-vous ?, c'est plein de Noirs…

Jeudi 26 décembre

Retour à Paris. Il fait un froid à ne pas mettre un loup dehors. Cela me rend mon tonus. Mais, sans avoir un cœur particulièrement sensible, il est impossible de ne pas penser à ceux qui vont coucher dehors… Quelquefois, ils ne veulent même pas que le SAMU les ramasse… Quelquefois, ils meurent, enroulés dans leurs hardes… Et on a honte, honte, honte.

Boris Eltsine est réapparu. Il a l'air de tenir sur ses pattes de derrière. Moi pas. Sciatique. Mon kinési aux mains magiques me manipule. Ça devrait s'arranger. Mais je suis dans une série noire. L'éclairage de mon bureau a sauté, et il est impossible de trouver un électricien. Et l'eau chaude ne coule plus dans la baignoire. Et j'ai perdu une boucle d'oreille. Et Pachatte refuse de manger… Que faire quand les choses se mettent à vous trahir ?

Un beau cadeau tout en cachemire m'arrive, qui ne parvient pas à me rasséréner. J'ai la grogne, voilà, j'ai la grogne.

Une nouvelle agréable tout de même au courrier : *Cosima* a franchi allégrement le cap des 100 000 exemplaires.

Suspense : un jeune navigateur téméraire, Raphaël Dinelli, engagé de son propre chef dans le Vendée Globe, la course en solitaire autour du monde, a chaviré dans une mer déchaînée. Il a lancé des appels de détresse. Les Australiens l'ont repéré et lui ont jeté du ciel un radeau de survie sur lequel il a attendu du secours, dans des conditions périlleuses, pendant trente-six heures ! C'est l'Anglais Pete Goss, également engagé dans la course, qui s'est dérouté pour aller le repêcher. Sauvetage délicat, en pleine nuit, mais réussi. Belle solidarité des gens de mer. Il s'en souviendra, Dinelli, de son tour du monde, jusque dans ses os…

Samedi 28 décembre

Écrit pour *Le Figaro* un article sur le dernier album d'Alain Decaux, *La Bible racontée aux enfants*, qui est un petit bijou. Bon pour les lecteurs de 10 à 90 ans. Il a réussi à condenser en 200 pages les 4 000 pages de la Bible en leur laissant leur saveur, leur couleur, leur substance.

A retrouver Noé, Abraham, Sarah, David, la reine de Saba, la chaste Suzanne, Samson et la perfide Dalila, et tant d'autres, je me suis léché les babines. En revanche, le film de John Huston sur la Bible diffusé par la télévision était ennuyeux comme la pluie. Pas trace du génie de Huston.

Je viens de me voir, sur LCI, répondant aux questions d'un journaliste sur les faits saillants de l'année 96. Le texte m'a paru convenable, mais la tête ! Figée, fatiguée… Je ferais aussi bien de ne plus me montrer.

Dimanche 29 décembre

Mireille, la délicieuse Mireille, toute menue, est morte à 90 ans. Jusqu'au bout elle a travaillé, elle a chanté comme un malicieux colibri. *Couchés dans le foin*, *Le petit chemin qui sent la noisette*, *Quand un vicomte*, *Le jardinier qui boite*... Elle a tant inventé qu'on ne peut tout citer. Un style de chanson française... Trenet en est le prince, elle en était la reine.

Lundi 30 décembre

Ça barde à Belgrade, où il neige comme sur toute l'Europe, à gros flocons. Milosevic ne cède pas d'un pouce pour consentir à reconnaître le résultat des élections municipales, l'opposition ne cède pas d'un pouce et continue à manifester tous les jours. Nouveau : la prise de position de militaires appartenant à des unités d'élite qui écrivent : « S'il le faut, nous nous mettrons à la tête du peuple serbe pour faire triompher la vérité... »

Plus impopulaire que jamais, la femme de Milosevic, Mirjana Markovic, auprès de qui il est un agneau, accusée d'avoir donné l'ordre à des policiers en civil d'attaquer les manifestants à coups de bâton. De nombreux policiers auraient refusé de participer à l'opération.

Ils risquent de finir comme les Ceausescu, ces deux-là...

Mardi 31 décembre

Froid polaire sur toute la France de haut en bas, neige, verglas, transports bloqués. On n'avait pas vu ça depuis trente ans et il est clair que la France n'est pas équipée pour de semblables intempéries.

Éliane m'appelle : « Qu'est-ce qu'on fait ? On sort ? – Bien sûr, on sort. Mettez vos zibelines, et en avant. » On ne va pas se laisser décourager par le verglas, encore qu'il y aurait de quoi. D'autant que deux places nous attendent à l'Opéra pour voir *Porgy and Bess*. De la bonne musique chaude, pas d'effort à faire, exactement ce qu'il nous faut pour finir l'année sans flonflon ni flafla. Ensuite, nous irons dîner, et puis voilà.

Ainsi s'achèvera l'année désenchantée, celle où nous devions aller gais-z-et-contents, foi de président. Avec lui, il y aurait du boulot pour tout le monde, on paierait moins d'impôts, la fracture sociale serait réduite, un grand élan constructif allait soulever la nation tout entière derrière un chef volontaire et dynamique.

Ceux qui ont ajouté foi à ce discours observent aujourd'hui le dernier chiffre concernant le chômage et ils sont désabusés. Surtout, ils sont inquiets. Pour eux, pour leurs enfants. Où va-t-on si le pouvoir n'a plus de pouvoir ? Dans le mur ? L'Allemagne va nous écraser, l'Amérique nous manger… Au secours ! A quoi sert donc la politique ?

Surtout, ne pas en désespérer… Jamais. La France n'est pas affaissée, avilie, exténuée, elle est capable de sortir du tunnel et elle en sortira. Foin de jérémiades, il faut se défendre d'entrer dans ce concert.

1997, encore vierge, nous sourit à travers les oripeaux de 96. Rendons-lui son sourire… Il ne faut jamais insulter l'avenir.

DU MÊME AUTEUR

Le Tout-Paris
Gallimard, 1952

Nouveaux Portraits
Gallimard, 1954

La Nouvelle Vague
Gallimard, 1958

Si je mens...
Stock, 1972
« Livre de Poche », 1973

Une poignée d'eau
Robert Laffont, 1973

La Comédie du pouvoir
Fayard, 1977
« Livre de Poche », 1979

Ce que je crois
Grasset, 1978
« Livre de Poche », 1979

Une femme honorable
Fayard, 1981
« Livre de Poche », 1982

Le Bon Plaisir
Mazarine, 1983
« Livre de Poche », 1984

Christian Dior
Éditions du Regard, 1987

Alma Mahler ou l'Art d'être aimée
Robert Laffont, 1988
Presses-Pocket, 1989

Écoutez-moi...
(avec Günter Grass)
Maren Sell, 1988
Presses-Pocket, 1990

Leçons particulières
Fayard, 1990
« Livre de Poche », 1992

Jenny Marx ou la Femme du diable
Laffont, 1992 ; Feryane, 1992
Presses-Pocket, 1993

Les Hommes et les Femmes
(avec Bernard-Henry Lévy)
Orban, 1993

Journal d'une parisienne
Éditions du Seuil,
série « Journal de la fin du siècle, 1993 », 1994 ;
et « Points », n° P 168

Mon très cher amour
Grasset, 1994
« Livre de Poche », 1996

Chienne d'année
Journal d'une Parisienne 2. 1995
Éditions du Seuil, 1996 ;
et « Points », n° P 334

Cœur de tigre
Plon, 1995
Presses-Pocket, 1997

Cosima
Fayard, 1996

Arthur ou le Bonheur de vivre
Fayard, 1997

IMPRESSION : S.N. FIRMIN-DIDOT AU MESNIL-SUR-L'ESTRÉE
DÉPÔT LÉGAL : MAI 1998. N° 34480 (42492).

Collection Points

DERNIERS TITRES PARUS

P460. Le Labyrinthe aux olives, *par Eduardo Mendoza*
P461. La Vérité sur l'affaire Savolta, *par Eduardo Mendoza*
P462. Les Pieds-bleus, *par Claude Ponti*
P463. Un paysage de cendres, *par Élisabeth Gille*
P464. Un été africain, *par Mohammed Dib*
P465. Un rocher sur l'Hudson, *par Henry Roth*
P466. La Misère du monde
sous la direction de Pierre Bourdieu
P467. Les Bourreaux volontaires de Hitler
par Daniel Jonah Goldhagen
P468. Casting pour l'enfer, *par Robert Crais*
P469. La Saint-Valentin de l'homme des cavernes
par George Dawes Green
P470. Loyola's blues, *par Erik Orsenna*
P472. Les Adieux, *par Dan Franck*
P473. La Séparation, *par Dan Franck*
P474. Ti Jean L'horizon, *par Simone Schwarz-Bart*
P475. Aventures, *par Italo Calvino*
P476. Le Château des destins croisés, *par Italo Calvino*
P477. Capitalisme contre capitalisme, *par Michel Albert*
P478. La Cause des élèves, *par Marguerite Gentzbittel*
P479. Des femmes qui tombent, *par Pierre Desproges*
P480 Le Destin de Nathalie X, *par William Boyd*
P481. Le Dernier Mousse, *par Francisco Coloane*
P482. Jack Frusciante a largué le groupe, *par Enrico Brizzi*
P483. La Dernière Manche, *par Emmett Grogan*
P484. Les Lauriers du lac de Constance, *par Marie Chaix*
P485. Les Fous de Bassan, *par Anne Hébert*
P486. Collection de sable, *par Italo Calvino*
P487. Les étrangers sont nuls, *par Pierre Desproges*
P488. Trainspotting, *par Irvine Welsh*
P489. Suttree, *par Cormac McCarthy*
P490. De si jolis chevaux, *par Cormac McCarthy*
P491. Traité des passions de l'âme, *par António Lobo Antunes*
P492. N'envoyez plus de roses, *par Eric Ambler*
P493. Le corps a ses raisons, *par Thérèse Bertherat*
P494. Le Neveu d'Amérique, *par Luis Sepúlveda*
P495. Mai 68, histoire des événements
par Laurent Joffrin

P496. Que reste-t-il de Mai 68 ?,
essai sur les interprétations des « événements »
par Henri Weber
P497. Génération
1. Les années de rêve
par Hervé Hamon et Patrick Rotman
P498. Génération
2. Les années de poudre
par Hervé Hamon et Patrick Rotman
P499. Eugène Oniéguine, *par Alexandre Pouchkine*
P500. Montaigne à cheval, *par Jean Lacouture*
P501. Le Mendiant de Jérusalem, *par Elie Wiesel*
P502. … Et la mer n'est pas remplie, *par Elie Wiesel*
P503. Le Sourire du chat, *par François Maspero*
P504. Merlin, *par Michel Rio*
P505. Le Semeur d'étincelles, *par Joseph Bialot*
P506. Hôtel Pastis, *par Peter Mayle*
P507. Les Éblouissements, *par Pierre Mertens*
P508. Aurélien, Clara, mademoiselle et le lieutenant anglais
par Anne Hébert
P509. Dans la plus stricte intimité, *par Myriam Arissimov*
P510. Éthique à l'usage de mon fils, par *Fernando Savater*
P511. Aventures dans le commerce des peaux en Alaska
par John Hawkes
P512. L'Incendie de Los Angeles, *par Nathanaël West*
P513. Montana Avenue, *par April Smith*
P514. Mort à la Fenice, *par Donna Leon*
P515. Jeunes Années, t. 1, *par Julien Green*
P516. Jeunes Années, t. 2, *par Julien Green*
P517. Deux Femmes, *par Frédéric Vitoux*
P518. La Peau du tambour, *par Arturo Perez-Reverte*
P519. L'Agonie de Proserpine, *par Javier Tomeo*
P520. Un jour je reviendrai, *par Juan Marsé*
P521. L'Étrangleur, *par Manuel Vázquez Montalbán*
P522. Gais-z-et-contents, *par Françoise Giroud*
P523. Teresa l'après-midi, *par Juan Marsé*
P524. L'Expédition, *par Henri Gougaud*
P525. Le Grand Partir, *par Henri Gougaud*
P526. Le Tueur des abattoirs et autres nouvelles
par Manuel Vázquez Montalbán
P527. Le Pianiste, *par Manuel Vázquez Montalbán*
P528. Mes démons, *par Edgar Morin*
P529. Sarah et le Lieutenant français, *par John Fowles*
P530. Le Détroit de Formose, *par Anthony Hyde*
P531. Frontière des ténèbres, *par Eric Ambler*